내가 살던 집 그곳에서 만난 사랑

1판 1쇄 발행 2010년 3월 5일 | 1판 2쇄 발행 2011년 1월 20일
지은이 · 최상철 | **펴낸이** · 한봉숙 | **펴낸곳** · 푸른사상사
등록 제2-2876호
주소 서울시 중구 을지로3가 296-10 장양B/D 7층
대표전화 02) 2268-8706(7) | **팩시밀리** 02) 2268-8708
메일 prun21c@yahoo.co.kr / prun21c@hanmail.net
홈페이지 www.prun21c.com
@ 2011, 최상철

ISBN 978-89-5640-735-7　03800

값 16,000원

☞ 21세기 출판문화를 창조하는 푸른사상에서는 좋은 책을 만들기 위해 노력하고 있습니다.
　저자와의 합의에 의해 인지는 생략합니다.

이 도서의 국립중앙도서관 출판시도서목록(CIP)은 e-CIP 홈페이지(http://www.nl.go.kr/cip.php)에서
이용하실 수 있습니다. (CIP제어번호 : CIP2010000633)

내가 살던 집 그곳에서 만난 사랑

그곳에서 만난 사랑

내가 살던 집

최상철

푸른사상
PRUNSASANG

| 글을 시작하면서 |

　어렸을 때, 다들 한 번쯤 집짓기 놀이를 해본 추억이 있을 것이다. 네댓 명이 옹기종기 모여앉아 서로 경쟁하듯 작은 엉덩이를 들었다 놨다 하면서, 마침내 한 채의 집을 정성껏 만들어내던 '두꺼비집 놀이'…….

　모래언덕을 조금 파낸 뒤에 조그마한 손을 앙팡지게 오그려 넣고, 다시 모래를 그 위에 덮으며, '두껍아~, 두껍아, 헌집 줄게 새집 다오' 라고 간절히 염원하면서, 다른 손으로 모래지붕을 정성껏 토닥거리다 보면 신기하게도 저절로 집이 만들어지곤 하였다. 정말 소원대로 두꺼비가 헌집을 가져가고 대신 새집을 건네준 것일까?

　시끌벅적하게 놀던 애들이 하나둘 제 집으로 돌아간 뒤에 그 집에 두꺼비가 살았는지, 아니면 곧바로 허물어져 버렸는지 그건 잘 모르겠지만, 어쨌든 우리는 어렸을 때부터 그렇게 근사한 집짓기 놀이를 하면서 자랐다.

　아마, 그때부터였던 것 같다. 헌집은 남에게 슬쩍슬쩍 넘겨주고 대신 새집만 받아 챙기는 못된 버릇이 처음 싹트던 때가……. 그래서 집을 집으로 보지 못하고, 두 눈에 콩깍지가 잔뜩 덮인 채, 우리들의 삶터인 바로 이 '집'까지 지금 이렇게 고약하게 재단해나가고 있는 그 출발이…….

　요즘 우리들의 주거풍경을 보면, 어쩜 그렇게 그때 그 모습 그대로인지 모르겠다. 역시 옛말 하나도 틀린 게 없다. 세 살 버릇 여든까지 간다는 말도 그냥 허투루 있었던 게 아닌 모양이다.

　그저 편안 무탈하게 잘 살던 제 보금자리마저도 새로 지은 번듯한 아파트가 나타나면, 그 헌집을 버리고 새집으로 옮겨 앉는데 있어서, 우리는 정말 한 치의 미련도 남기지 않는다. 어떤 때에는 더 큰 집, 더 좋은 집, 더 비싼 집을 찾아서 정처 없이 떠도는 모습이, 마치 부나비들 같다.

　집에 관한 한, 그렇게 어렸을 때부터 우리는 참으로 염치없는 족속들이었던가보다. 하긴, 두꺼비에게는 아무 필요도 없는 그 헌집을 얌체처럼 슬쩍슬쩍 넘겨주고 자꾸 새집만 받아 챙겨갔으니……, 그 버릇이 어디 갔으랴?

　그런데 한 번 가만 돌이켜보자. 그때 두꺼비 심중(心中)은 어땠을까? 아무리 바보래도 두꺼비가 그 오랜 세월동안, 정말 손해 볼 짓만 가려서 했을까? 왕방울처럼 커다란 두 눈만 끔벅거리는, 그 바보 같은 두꺼비가 혹시 다른 생각을 하고 있었던 것은 아닐까?

　갑자기 내 머릿속이 혼란스러워지기 시작했다. 낯설고 새로운 것보다는 거기에 내재되어 있던 '사랑'을 감지해내는, 두꺼비의 타고난 한낱 본능 때문이라고 치부하기엔, 그동안 우리가 자행한 죄(?)가 너무나 무겁게 다가왔다.

　별 수 없이, 나도 그때 그 두꺼비처럼 두 눈을 끔벅거리며 헌집을 찾아 나서기로 하였다. 아직 거기에 남아있을 것만 같은 사랑과 만나보고 싶었기 때문이다. 그것도 그냥 그 흔한 사랑타령이 아니라, 우리네 삶터인 옛날 그 헌집에서 케케묵은 사랑의 흔적까지 제대로 한 번 짚어보고 싶었던 것이다.

사랑……! 정말, '이는 듣기만 하여도 가슴 설레는 말이다.' 그래도 정작 그 안에 있을 때는 잘 모르고 살게 된다. 그게 네모난 것인지, 세모진 것인지, 아니면 둥근 것인지……. 또 어디에서부터 왔다가, 지금은 다시 어디로 가고 있는지!

어디 사랑뿐이랴? 우리가 지금 걷고 있는 이 '길'도 마찬가지다. 앞을 가린 무성한 숲을 헤치고 한 걸음씩 나아가고 있긴 하지만, 그 속을 알 수 없기는 매한가지다. 아마, 종점에 이르게 되면, 그때 가서야 겨우 짐작이나 할 수 있을지 모르겠다.

집에 사랑이 담겨 있다니……. 어떤 모습일까? 게다가 그 사랑이, 지금 우리들의 이 마음도 두드려낼 수 있을까? 저렇게 무표정하게 서있는 것 같기만 한, 저 '집'에 그런 사랑의 기운이 베어 있다니? 역시 직접 체감해보지 않고서는 모를 일이었다.

그래서 다시 한 번 우리네 '집'과 눈을 맞추고, 높이를 맞추고, 마음까지 서로 맞춰나가다 보니, 하나둘 흥이 돋아나기 시작하였다. 우리네 집 곳곳에서 사랑의 기운도 절로 감지되었다.

기둥을 받쳐주는 주춧돌 하나에도 사랑이 담겨 있었고, 그 사랑을 아무 스스럼없이 그저 건네받기만 하는 줄로 알고 있었던, 저 무심한 기둥까지도 사랑의 아픔을 함께 하고 있었다. 문지방은 문지방대로, 또 그 하잘 것 없어 보이던 쐐기는 쐐기대로, 다들 처음 사랑했던 그 마음 그 자세를 잃지 않고 있었던 것이다.

그럴수록 그들이 점점 더 부러워지기 시작하였다. 제 욕심 하나도 줄이지 못한 채, 이렇게 허구한 날 아옹다옹 살아가고 있는, 우리네 '사람 사는 세상' 하고는 감히 비교조차 되지 않았다. 그렇다고 마냥 혼자 부러워할 수만도 없는 일이었다.

그래서 차츰 내 마음을 고쳐먹게 되었다. '집'에 담겨 있는 사랑을 찾아내고, 그 공간에서 더 행복해지기 위해서라도, 우선 거기에 스며들어 있는 추억부터 하나씩 더듬어 봐야겠다고, 생각을 정리하게 된 것이다. 그리곤 그걸 다시 누군가에게 전해주고 싶은 충동이 일었다. 내가 보고 느낀, 그 마음 그대로를…….

'하나, 아련한 추억'은 그러한 얘기들이다. 지나간 우리들의 추억에 얽힌 이 모습 저 모습들을, 마치 실타래처럼 슬슬 풀어놓겠다. 그저 마음 가는 대로 책장을 한 장씩 넘기다보면, 그동안 깜박 잊고 지냈던, 우리들의 어린 시절 추억이 아련하게 떠오를 것이다.

그렇지만 그 아름다운 추억 저편에는, 항상 어설픈 흔적도 함께 묻어나기 마련인가보다. 그게 때로는 이기적인 모습으로 비춰질 수도 있지만, 아마 우리네 '집'에 사랑이 깃들어가는 하나의 과정일지도 모른다. '둘, 이기적 초상肖像'에서는, 그러한 풍경들을 차례로 하나씩 들춰 나가겠다.

그런데 사랑에는, 우선 상대에 대한 세심한 배려가 뒤따라주어야 한다. '집'에 투영된 그 사려 깊은 생각과 마음은 '셋, 아낌없는 배려'에서 둘러보게 된다.

그러다가 정말 우리네 '집'에서 제대로 한 번 사랑을 체감해봤으면 좋겠다. 때로는 그게 지나친 비약으로 느껴질 수도 있지만, 우리들의 '집'에 담겨 있는 이런저런 사랑의 흔적들을 '넷, 사랑이란 이름으로' 불러

보면서, 이 글을 마무리 짓고자 한다.

그동안 '집'이란 낯선 대상에서 사랑을 찾아내는 작업에 때로는 적잖이 신명도 났지만, 진실한 사랑이 점점 더 묽어져가는 요즘 우리들의 실상과 겹쳐지면서, 더 진한 안타까움으로 다가오곤 하였다.

그래도 지금 이렇게 우리들의 소중한 '삶터'로 대물림되고 있는, 바로 이 '집'이라고 하는 주거공간에 그처럼 많은 사랑이 담겨 있었다는, 그 새삼스러운 사실을 함께 체감해나갈 수 있기 바란다. 때로는 두꺼비처럼, 왕방울 같은 마음의 두 눈을 껌뻑거리기도 하면서…….

동지섣달 기나긴 밤에
애일당 사랑방에서
최 상 철

하나. 아련한 추억

길	15
요강과 똥장군	29
비록 그땐 고된 일터였지만	35
가난한 날의 기록	50
지붕의 선물	60
마루와 토방	71
마당	79
빛나는 조연들	86

둘. 이기적 초상肖像

까대기	105
옥탑방	115
찬란한 증상	119
어차피 죽을 운명	131

차례

셋. 아낌없는 배려

저미는 아픔 ·· 143
메시지 ··· 150
아낌없는 배려 ·· 155
이름 없는 그들 ·· 161

넷. 사랑이란 이름으로

따뜻했던 기억 ·· 177
짓는 사랑 ··· 185
사랑의 문 ··· 192
보여주는 사랑 ·· 202
들려주는 사랑 ·· 223
묻어둔 사랑 ·· 232
사랑이란 이름으로 ··· 244
행복체감대를 찾아서 ······································ 262

하나. 아련한 추억

길

어느새 우리 곁을 떠난, 그래서 지금은 까마득히 잊혀져버린 아련한 풍경들을 하나씩 꺼내보려니, 마치 낡은 영사기를 휘감고 도는 필름처럼, '길'이 한바탕 머릿속을 휘젓고 지나간다.

누가 처음 만들었는지, 언제 여기까지 왔는지, 아니 비록 지금 이렇게 내 앞에 반듯하게 멈춰 서있지만, 이다음에는 또 어디까지 더 뻗어나갈 것인지 그 속내를 좀처럼 헤아릴 수 없는, 이 길…….

어느 시인은 그 길을 "한 줄기 구겨진 넥타이"로 희화戱畵했다가, 다시 또 몇 마디 더 덧붙여놓았다.[1]

> 길은 한 줄기 구겨진 넥타이처럼 풀어져
> 일광日光의 폭포 속으로 사라지고

---

[1] 김광균(1914~1993)의 대표작. 현대인의 고달픈 눈에 비친 가을의 애수와 고독을 독특한 회화적인 이미지로 묘사한 「추일서정秋日抒情」의 일부.

조그만 담배연기를 내뿜으며
새로 두 시의 급행열차가 들을 달린다.

참 그림 같은 풍경이다. 금방이라도 눈에 잡힐 듯, 머릿속으로 길이 쭉 펼쳐진다.

어디나 사람이 살게 되면, 으레 길부터 나게 된다. 겨우 혼자 다닐까말까 한 좁디좁은 골목길에서부터, 흙먼지 폴폴 날리며 덜커덩거리던 '신작로新作路'[2]가 있었는가 하면, 지금처럼 넓게 탁 트인 아스팔트나 시멘트 '포장도로'도 있었고, 또 언젠가는 다시 되돌아 나와야 하는 '막다른 도로'라는 '길'도 있었다.

아니, 살다보면 그렇게 번듯이 넓고 큰 길만 있는 것은 아니었다. 오히려 보일 듯 말 듯 하던, 정말 작은 길이 더 많았다. 집채만 한 나뭇짐을 지게에 잔뜩 진 채 나무꾼들이 뒤뚱거리며 앞서거니 뒤서거니 줄지어 내려오던 '산길'이 있었고, 행여 누가 볼 새라 밤마다 몰래 논물을 대러 다니던 좁디좁은 '논둑길'도 있었으며, 또 어디선가 속상한 일을 당하면 저 먼 밑바닥에서부터 가슴이 꽉 막힌 것처럼 금방 답답해지는 우리네 마음의 '길'도 따로 있었다.

원래 길은 물을 따라 나게 된다. 더 낮은 장소를 찾아 이동하는 물의 속성에 맞춰, 물길을 따라서 걷는 게 가장 손쉽고 편했기 때문이리라. 그래서 옛날 길은, 어디서나 거의 다 그렇게 물의 흐름에 맞춰 다소곳이 나 있었다.

---

2 흙과 자갈로 뒤덮여진, 옛날 시골의 주요 간선도로.

길

  물이 만나면 길이 서로 만나게 되고, 또 그 길이 만나는 곳에서 우리 사람들도 자연스레 만나지 않을 수 없었다. 옛날에는 그게 길이 만들어지는 순리였다.

  그런데 그 길을 다니는 사람들이 점차 많아지면서부터 길도 몸살을 앓기 시작하였다. 강제로 파헤쳐지기도 하고, 자갈이 깔리기도 하다가, 어떤 때는 온통 시멘트로 뒤덮여지기도 한다. 그러다가 다시 깔끔하게 아스팔트로 포장되기도 하는데, 지금 우리가 만나게 되는 길은 거의 다 그렇게 만들어진 길이다.

  '유통과 효율'이라는 현대사회의 도도한 기치 아래, 쉼 없이 이리저리 다시 또 새로운 길을 만들어가고 있는 것이다. 앞을 가로막는 산이 나타나면 그걸 깎아버리고, 물을 만나면 그 위에 서슴없이 다리를 놓는 것으로 문제를 풀어나갔다. 거리낄 것이라곤 아예 없는 것처럼 보였다.

  그렇지만 그게 다는 아니었던 것 같다. 그렇게 널찌널찌하게 길을 '뚫고 덮고 내더니', 어느 날부턴가 여기저기에서 차츰차츰 자성自省의 소리가 들려오기 시작하였다. 길[路]을 내는 것에도, 아마 '길[道]'이 필요했던 모양이다.

나도 가만히 앉아 있을 수만은 없게 되었다. 그 길을 찾아 나섰다. '골목길'이 나타나고, '뒷간' 가던 추억이 어슴푸레 떠올랐다. 이상한 일이었다. 지나간 추억은 거의 다 그렇게 길 위에 웅크리고 있었다.

그 길이 비록 여기에서는 작은 골목길로 나타났다가, 단지 뒷간 가는 길을 더듬어보는 것으로 그쳤지만, 어쩌면 그 고즈넉한 옛길이, 우리 마음속에 잠자고 있던 다른 아련한 풍경들을 점점 더 세차게 흔들어댈지도 모르겠다.

 골목길

골목길로 접어들면, 뭔가 예기치 않은 장면이 금방이라도 "툭" 튀어 나올 것만 같다. 이슥한 밤이 되면 더하다. 외딴 모퉁이를 감아 돌아갈 때는 제 발자국 소리에 지레 놀랄 때도 한두 번이 아니다. 아니, 뒤에서 뭔가 꼭 달라붙는 것 같기만 하다.

그래도 이런저런 잡념을 애써 떨치며 "자박자박" 걸어 들어가다 보면, 내딛는 보폭의 진행에 따라 차츰 전개되는 어슴푸레한 골목길 야경夜景이 제법 역동적으로 다가온다. 나지막한 담장들 사이로 낯익은 풍경이 얼핏얼핏 시야로 들어왔다간, 다시 또 슬쩍슬쩍 사라져간다.

어깨 너머로 도란도란 들리는, 때늦은 길갓집 정담情談에 귀가 절로 쫑긋 세워지려는 찰라, "어서 불 끄고 자라~!"는 앙칼진(?) 성화가 귓전을 때린다. 왠지 낯익은 재촉이다. 그만 멋쩍어져 돌부리를 툭 걷어차자, 이

누구라도 금방 다시 만날 것 같은 골목길

번엔 낯선 인기척에 놀랐는지 어디선가 강아지 한두 놈이 애꿎은 허공을 향해 날카롭게 "캥캥" 짖어댄다.

그랬다. 옛날 우리네 골목길 풍경은 거의 다 그랬다. 그저 목적지까지 도달하는 통행로만으로서 제 역할을 다하는 것이 아니라, 마치 모세혈관처럼 마을 구석구석까지 쭉쭉 뻗어 있었다. 이집 저집 하나라도 연결해 놓지 않으면 마치 피가 공급되지 않을 것처럼, 여기저기 꽁꽁 묶고 이어 놓았다. 그게 옛날 우리네 골목길이었다.

밖에 나갔다가 집으로 돌아오는 골목길만 그랬던 것은 아니다. 먼 길 떠나는 자식의 뒷모습이 골목 담장에 가려 금방 사라지게 되면, 배웅하는 어머니는 애가 타는지 다시 또 한 모퉁이를 따라 나온다. '그만 들어가시라'고 성화를 부려도 막무가내다. 어쩔 수 없이 몇 모퉁이를 더 지나서 '이제 그만 돌아섰겠지' 하고 되돌아보니, 정말 눈에 뵈지 않았다. 마음이 놓였다. 그땐 정말 그런 줄 알았다.

그러나 골목길을 지나, 더 큰 신작로新作路로 접어들고 나서야 비로소 알게 되었다. 골목 모퉁이에 가려서 잠시 뵈지 않았을 뿐, 오래도록 그렇게 손을 흔들고 계셨던 것이다. 바로 어제 일이었던 것처럼, 지금까지도 내 마음에 또렷이 남아있을 정도로…….

막다른 길

그런데 요즘 도로는 정말 사통팔달四通八達이다. 어디다 따로 감추고 돌아보고 할 '틈'마저 사라졌다. 게다가 이곳저곳 뻗치지 않은 데가 없다. 그래서 이제 마음만 먹으면 어디든 가지 못할 데가 없게 되었다. 참 편리한 세상이다. 오죽하면 도로가 너무 많아서 헛갈린다고까지 하겠는가?

넥타이처럼 풀어헤쳐져 있다던 옛날 그 길은, 이미 우리 곁에서 사라지고 말았다. 만일, 넥타이처럼 구불구불한 길이 지금까지 남아있었다면, 아마 행정당국과 토목기술자들은 그걸 그냥 가만히 놔두지 않았을 것이다. 도로 선형線形을 바로잡겠다는 미명 아래, 마치 다리미로 구겨진 바지주름을 펴듯 어느새 반듯반듯하게 잡아놓았을지도 모른다.

그렇게 선형을 바로(?) 잡아나가던 어느 날, 선진국 도시계획기법에서 쿨드섹(cul-de-sac)[3]이라고 하는 용어를 발견하곤 다들 환호성을 치며 베껴대기 시작했다. 올망졸망한 야산野山과 언덕을 깔끔하게 밀어붙이고, 거기다가 다시 인위적으로 골목길을 만들기 시작한 것이다.

---

3 큰 도로에서 마을로 진입해 들어가는 막다른 도로로, 일종의 골목길.

그런데 굳이 '쿨드섹'이 아니라고 하더라도, 옛날 우리네 마을에는 처음 찾아들어간 그 길로 어김없이 다시 되돌아 나와야만 하는 그런 길이 나있었다. 거침없이 지나치는 요즘식의 '통과도로'가 아니라, 이른바 다들 '막다른 도로'를 타고 다녔던 것이다. 오랜 세월동안, 풍수지리에서 거론하고 있는 배산임수背山臨水의 지형을 선호했기 때문이다.

자연히 골목길이 생기게 되고, 또 그 길을 따라서 마을로 들어갔다가 다시 되돌아나올 수밖에 없었다. 굳이 무얼 따로 배우고 고칠 것이 아니었다. 그동안 우리는 그걸 깜빡 잊고 살았던 것 같다.

그래서 막힘없이 시원하게 '뻥뻥' 뚫린 마을 진입로를 지날 때마다, 편리해졌다는 감사보다는 옛날 그 다소곳하던 막다른 골목길이 새삼스레 그리워지곤 한다. 굽이굽이 휘돌아나가는 실개천을 옆에 낀 채, 마을로 향했다가 거기에서 이집 저집으로 하나둘 나뉘지기도 하고, 그러다가 언젠가 때가 되면 다시 되돌아나와야 하던 그 길이……

논둑길

산골짜기 비탈진 곳에서는, 으레 논두렁으로 층층이 나뉘진 계단식 논배미가 "쭈욱~" 도열되어 있었다. 때로는 그게 수천 년 동안 우리네 삶의 고단한 흔적이기도 했지만, 설사 깊은 골짜기가 아니더라도, 우리네 산천의 논밭은 대개 올망졸망한 야산野山의 자연지형을 따라서, 작은 논다랑이들로 줄줄이 나뉘어져 있었다.

그 논다랑이 사이로 난 논두렁은 대개 한 사람이 겨우 다닐까말까 한

우리네 삶의 고단한 흔적이기도 했던 다랑이 논

좁디좁은 논둑길이었다. 길옆으론 풀꽃이 빽빽이 돋아나 있었고, 논두렁 모서리 한 쪽에는 아래 논배미로 물이 흘러들어갈 수 있도록 만들어둔 자그마한 '물꼬'가 따로 마련되어 있었다.

그런데 보기엔 그렇게 우스워보여도, 그 물꼬가 때로는 아주 소중한 생명의 통로通路로 작용하곤 하였다. 작아도 '물길'이었기 때문이다.

장마 때 물이 넘치면 그 물꼬로 물을 급히 흘려 내보내야만 논둑이 무너지는 것을 막을 수 있었고, 또 모내기를 끝냈는데도 한동안 가뭄이 계속될 때면, 별 수 없이 저 위 논에서부터 차례로 물꼬를 터서 제 논으로 물을 대어야만, 어린 벼가 겨우 해갈解渴을 면할 수 있었다.

그래서 예로부터 아기 젖 먹는 소리, 자식 글 읽는 소리와 함께 마른 논에 물 들어가는 소리가 제일 듣기 좋다고 하지 않았던가?

어쨌든 물꼬를 잘 관리한다는 것은 논농사의 기본이었다. 그러다보니 그 물꼬를 사이에 두고 이웃끼리 벌어지는 다툼도 잦았다. 가물 때는 가

문 대로 제 논에 먼저 논물을 대려고 남의 물꼬를 살짝 틀어막는 경우가 있었고, 또 장마 때는, 반대로 제 논의 물꼬를 일부러 막아서 논물을 아래로 "줄줄" 흘려보내야만 했다. 목이 심하게 타들어가거나 익사溺死할 지경에 이른 어린 벼를 보고서는, 염치고 체면이고 따로 차릴 새가 없었던 것이다.

그게 모두 다 논두렁을 밟고 다니며, 벌어졌던 옛날 우리네 농촌의 일상 풍경이었다. 그래서 오죽하면, 벼는 농부의 발자국 소리를 들으면서 익어간다고 하지 않았던가?

이른 아침에도 논두렁을 찾는 농부의 잰 발걸음은 그치지 않았다. 논두렁 위로 심어둔 콩잎을 피해서, 함초롬히 묻어 있는 이슬을 털며 소꼴을 베어 한 지게씩 지고 나오기도 했고, 그러다가 논두렁 한 쪽에 다소곳이 나있던 물꼬를 건너뛰며 밤새 궁금했던 물꼬의 안녕을 묻는 것도 빠뜨리지 않았다.

또 논두렁은 가끔 알뜰한 쉼터로도 적절히 활용되곤 하였다. 모내기를 하거나 김을 매다가도 허리가 끊어질 듯이 아파오면, 별 수 없이 논두렁으로 엉금엉금 기어나가 궁둥이를 "철푸덕" 붙인 채, 담배를 한 모금 길게 빨아들이거나, 막내딸이 '이고 들고' 내온 그 꿀맛 같은 새참을 허겁지겁 받아먹던 곳도, 다른 아닌 논두렁이었다.

그래서 그랬던지 논두렁은 대접도 제법 융숭하였다. 해마다 모내기철이 되면, 논물이 새어나가지 않도록 먼저 '두렁 바르기'라는 마사지를 받았고, 논두렁 한 쪽에 심어둔 콩이나 들깨 때문에 종종 비료라는, 신식 영양분을 공급받는 행복한 때도 적잖았다.

그렇게 논두렁은 또 하나의 '길'이었다. 겨우 지게 하나밖에 지고 다니지 못할 정도로 그 폭이 좁긴 했지만, 오랜 세월동안 우리의 애환이 어리고 서린 사실상의 길이었다. 비록 지금은 바둑판처럼 반듯하게 잘 경지정리된 농로農路로 그 길이 대체되고 말았지만…….

뒷간 가는 길

옛날에는 화장실을 보통 뒷간이나 측간厠間 또는 변소便所라고 불렀다. 다른 건물처럼 안마당 근처에 버젓이 자리 잡지 못하고, 주로 저 후미진 곳이나 뒷마당에 위치해 있다고 해서 그렇게 불렀던 것이다. 물론 거기에는 '뒤'를 보는 장소라는 의미도 함축되어 있다. 그래서 그랬던지 예전에는 야밤에 혼자 뒷간 가는 일이 그렇게 쉽지만은 않았다.

저녁을 먹고 밥상을 물리기가 무섭게, 다들 희미한 등잔불 아래 옹기종기 모여 앉는다. 그리곤 누가 뭐라고 할 것도 없이 각자 익숙하게들 제 일에 열중하게 된다. 그게 당시 우리네 시골의 흔한 밤풍경이었다.

방바닥에 엎드려서 밀린 숙제를 하고 있는 누이 옆에는, 동생이 입을 앙다문 채 병뚜껑 쌓기 놀이에 정신이 팔려 있었고, 뒷문 앞에서는 이불 홑청을 사이에 두고 시침질을 하느라 할머니와 어머니가 또 그렇게 여념이 없었다. 그 고요 사이로 양손에 침을 "탁탁" 뱉어가며, 쉴 새 없이 지푸라기를 비벼 올리는, 아버지의 새끼 꼬는 소리만이 간간이 그 적막을 흔들고 있을 뿐이었다.

그러다가 밤이 더 이슥해지게 되면, 으레 한 번씩은 뒷간에 다녀와야만 했다. 까짓것 오줌이 마려우면 얼른 밖으로 튀어나가서 마당 한 귀퉁이에 '실례'를 하고 들어오면 그만이었지만, 누이는 그게 아니었던 모양이다. 또 가끔 살살 배가 아파올 때면 이건 정말 보통 고역이 아니었다. 그래서 밤에는 어느 집이나 방안 윗목에 따로 '요강'을 마련해두고 있었지만, 아직 한밤중도 아닌데 사내대장부가 요강 신세까지 질 수는 없는 노릇이었다.

그래서 큰마음 한 번 먹고 눈을 질끈 감은 채, 혼자 방문을 살그머니 열고 밖으로 나섰다. 갑자기 온갖 상상이 꼬리에 꼬리를 물고 따라 나왔다. 근처

옛날 밤을 밝히던 호롱불

뒷산에서 밤마다 어슬렁거리며 내려온다던 호랑이의 그 짙은 줄무늬도 떠오르고, 또 어디선가 여우 우짖는 소리도 들리는 것 같았다.

아니, 엊그저께 건넛방에서 동네 애들과 함께 돌려가며 읽은 「장화홍련전」줄거리가 갑자기 떠올랐다. 만화책 속 그림조차도 왜 그렇게 다시 선명해지는지, 처녀귀신으로 변한 장화와 홍련이가 머리를 헤쳐 풀고 내게도 다시 그렇게 달려들 것만 같았다. 소름이 "쭉" 돋았다.

별 수 없이 형제자매끼리 '놉⁴⁾'을 얻거나 '동맹'을 맺지 않을 수 없었다. 누구나 한 번쯤은 지금 이렇게 뜻하지 않은 변의(便意)를 느끼고 뒷간에 가야 할 테니, 이를테면 '품앗이'를 하자는 것이었다. 그 불확실한 미래에 투자를 하지 않으려는 동생에게는 별 수 없이 벽장 모퉁이에 몰래

---

4 촌락사회에서 서로 상부상조하며 노동력을 제공하는 사람을 일컫는 말로서, 하루 세 끼 식사 외에 참이나 술과 담배 등을 제공받게 된다.

저 멀리 떨어져 있던 뒷간

숨겨두었던 알사탕으로 꼬드기는 수밖에 없었다. 갖은 우여곡절 끝에 마침내 간절한(?) 합의가 이루어졌다.

"다 큰 놈이 아직도 뭐가 그리 무섭다더냐?"

아버지의 핀잔을 등 뒤로 듣는 둥 마는 둥 뿌리치며, 용감하게 방문을 열고 마루로 나섰다. 이제 본격적인 '야간탐험'이 시작되는 것이다.

그런데 그 가상하던 용기도 잠깐, 토방을 내려서자마자 뒷간문 밖에서 '지켜주겠다'며 의기양양하게 따라 나선 동생이 갑자기 내 허리춤으로 바짝 달라붙는다. 지금까지 그 도도하던 태도는 어디에서도 찾아볼 수가 없었다. 어둠 속에 들어서니 아마 제가 더 무서워졌나보다. 순식간에 역할이 뒤바뀌어 버린 것이다. 어쨌든 연약한 보호자(?)의 손을 꼭 잡고, 더듬더듬 어둠을 헤치면서 앞으로 한 발 두 발 내딛지 않을 수 없었다.

그러다가 발밑에서 재수 없이 돌부리라도 걸릴 때면, 이건 갑자기 귀신이 발목을 "확" 낚아채는 감촉 같았다. 순간~! 머리카락이 쭈뼛 솟았다. 동생과 맞잡은 손에는 저절로 힘이 들어갔다. 등에는 식은땀이 송골송골 돋아나는 것 같았다. 그래도 하나가 아닌 '둘'이었던지라, 서로 의

지하며 발걸음을 내딛을 수 있었다. 몇 발짝을 그렇게 더 살금살금 내딛다가, 행랑채 모퉁이를 급하게 돌아섰다.

그때 갑자기 인기척에 놀랐는지 뭔가 시꺼먼 것이 "푸드득" 하는 소리와 함께 순식간에 눈앞에서 사라졌다. 그러자 허리춤에 얌전하게 붙어있는 줄만 알았던 동생이 그만 "엄마야~!" 하는 외마디 비명을 지르며, 헐렁한 고무신이 벗겨지는 줄도 모르고, 눈 깜짝할 사이에 마루로 뛰어올라갔다. 한순간에 동맹이 무참하게 깨지고 만 것이다.

그만 오도 가도 못하고 엉거주춤하게 서있는데, 밖의 작은 소란을 눈치 챘던지, 어느새 할머니가 옆에 와 계셨다. 등을 토닥거리는 할머니를 따라서 비로소 무사히(?) 뒷간으로 들어설 수 있었다. 따뜻했다. 나무발판에 쪼그리고 앉아있자니 뒤는 서늘해졌지만……, 무서움이 감춰졌기 때문이었을까?

그래도 급한 볼일이 지나가자, 다시 잡념은 끊이지 않고 달려들었다. 언젠가 어느 책에서 읽은 '달걀귀신'이 갑자기 생각나고, 뒤도 돌아보지 않은 채 그만 부리나케 내빼던 동생의 뒷모습도 떠올랐다. 웃음이 절로 나왔다.

그렇지만, 한편으론 걱정이 뒤따랐다. 낮에 동무들하고 '못치기' 하다가 마당에 그냥 꽂아둔 못도 있었는데, '발바닥을 찔리지는 않았는지? 토방에 올라서면서 무릎을 부딪치지는 않았는지?' 그러다가도 이따금씩 할머니를 찾았다.

"왜, 자꾸……?"

핀잔을 들으면서도, 할머니 목소리를 들어야만 비로소 안심할 수 있었다. 볼일을 다 보고 휴지를 뒤적거리다보니, 이번에는 또 어젯밤 누이에게서 들은 애기소리가 마치 방금 들은 것처럼 또렷하게 다시 내 귓전을 때렸다.

"파란 휴지 줄까? 빨간 휴지 줄까?"

반사적으로 얼른 '밑'을 내려다봤다. 아무것도 보이지 않았다. 그저 칠흑 같은 어두움만 가득 드리워져 있었다.

아니, 아예 보이지 않으니 그게 더 무서웠다. 생각이 거기에 미치자, 이젠 더 앉아 있을 수가 없었다. 황급히 바지춤을 치켜 올렸다. 멍석이 내려뜨려진 측간 문을 세차게 밀어젖히며 재빨리 뛰어나갔다. 그리곤 대뜸 할머니의 치마솔기부터 움켜잡았다. 차가웠다. 그제야 마음이 놓였다.

그래도 되돌아오는 길은 참 편했다. 부글거리던 '속'도 이미 가라앉았고, 마침 구름에 가려 있던 달도 삐죽이 제 얼굴을 내밀어 주었다. 할머니의 스웨터 안주머니 속에 집어넣었던 손이 비로소 따뜻해지는 것을 느낄 수 있었다.

토방에 올라서자 일단 마음은 놓였지만, 등 뒤에서 또 뭔가 잡아당기는 것 같았다. 다시 등골이 서늘해졌다. 이번엔 뒤를 돌아볼 새도 없이 얼른 고무신을 벗어던진 채 쿵쾅거리며 마루로 올라섰다가, 상대투수의 견제구에 걸린 주자走者처럼 재빨리 몸을 방안으로 던졌다. 아슬아슬했다.

요강과 똥장군

뒷간 가는 얘기를 늘어놓다보니, 옛날 요강 쓰던 추억이 떠오른다. 지금처럼 양변기가 널리 보급되지 않았던 시절, 그때 요강은 참으로 요긴한 물건이었다.

 요강

지금이야 아파트라는 문명의 이기利器 때문에 상상조차 할 수도 없는 일이 되고 말았지만, 옛날 우리네 주거공간에서는 별의별 일이 다 있었다. 특히 추운 겨울날, 뒷간에 가는 일이 그랬다. 방문을 열고 마루로 나오면서부터 잔뜩 움츠려들게 하던 추위는, 토방을 내려서서 별채 옆에 붙어있는 측간廁間까지 뛰어가는 동안, 마음까지 벌벌 떨게 만들곤 하였다.

그래서 밤이 이슥해지면 가급적 오줌을 누러 가지 않으려고 애를 썼지만, 부지불식간에 터져 나오는 생리현상을 막을 수는 없었다. 별 수 없이 누이나 동생들에게 아쉬운 청請을 해야만 했다. 추위도 추위려니와 밤에 그 외진 곳까지 뛰어가서, 혼자 쪼그리고 앉아있어야 한다는 것은, 생각만 해도 으스스한 일이었다. 이럴 때 요강이라도 하나 있었으면 얼마나 좋았을까?

겨울밤의 근심을 풀어주던 요강

그렇게 요강은, 우리 주거공간에서 때로 참 요긴한 소품으로 쓰였다. 한겨울에는 물론 더했다. 비록 윗목 한쪽에 다소곳이 놓인 요강 때문에, 잠이 살포시 들려다가 선잠이 깨는 경우도 한두 번이 아니었지만, 잠결에 들려오는 소리는 제각각이었다.

누이의 오줌소리, 동생의 오줌소리, 그리고 할머니의 오줌소리가 다 달랐다. 아니 참다못해 급하게 쏟아 붓는 소리, 찔찔거리는 소리, 그리고 또 요강에 담긴 오줌의 양量에 따라서도 그 소리는 모두 다 달리 들렸다. 간혹 어린 동생의 실수로 그만 그 앞에 깔아놓은 걸레를 축축하게 적시는 날도 더러 있었지만, 누가 뭐래도 당시 요강은 어엿한 실내화장실로 확실히 자리매김 되어 있었다.

그런데 요강은 철모르고 게으른 사람들만의 휴대용품은 아니었던 것 같다. 옛날에는 시집올 때 신부의 필수 지참품목이기도 하였다. 보자기 매듭을 풀자마자 드러나는 그 고운 자태는 마치 새색시 얼굴처럼 환하게 눈이 부셨다. 뚜껑을 여닫을 때마다 맑은 금속성 청음淸音도 방안 가득

울려 퍼지곤 하였다.

  때로 요강은 체통을 중시하는 왕실이나 사대부 집안에서도 아주 요긴하게 사용되었다. 왕실의 요강은 그 이름부터가 고상한 '매우梅雨틀'이었다. '매梅'는 큰 것을, '우雨'는 작은 것을 뜻한다. 뒤처리도 그냥 닦고 씻는 것이 아니라, 내시內侍가 공손하게 두 손으로 받쳐 들고 비단으로 닦아줬다고 하니, 우리네 보통사람으로는 그저 생각하는 것만으로도 황송한 일이다. 그러면서 또 그 안에 담긴 내용물로서 왕과 왕비의 건강상태까지 살폈다고 하니, 요강은 당시에도 실로 아주 다양한 기능을 지녔다고 할 수 있겠다.

  그런데 그 요강이, 완전히 우리 곁을 떠난 것은 아니었던가보다. 비록 이제 전통적인 모습은 찾아볼 수 없게 되었지만, 그 역할은 지금도 계속되고 있었다. 아침마다 비워지던 요강이 어느새 집집마다 어엿한 '실내화장실'이라는 이름으로 대체되면서, 그저 손끝 하나만으로 그 역할을 거의 다 대신하고 있는 것이다.

  아마, 요강도 시대의 변화에 따라, 진화에 진화를 거듭한 결과일 게다. 요즘 비데가 출현하고, 그에 맞춰서 건강을 체크하는 양변기가 등장한 것도, 어쩌면 바로 이 요강이란 물건에서 비롯된 것은 아닌지 모르겠다.

  그 덕분일까? 이제는 옛날 요강처럼 어린 동생의 오줌이 방바닥으로 "툭툭" 튀지도 않고, 굳이 오줌소리도 들리지 않게 되었지만, 그래도 이렇게 백설白雪이 자욱해지는 깊은 겨울밤, 요의尿意를 참지 못하고 뽀얀 양변기 앞에 서면, 요강 앞에서 얌전하게 두 무릎을 꿇은 채 이리저리 조준을 하며 급한 볼 일을 보던, 옛날 그 낯익은 오줌소리들이 금방이라도 다시 또 들려올 것만 같다.

 똥장군

그렇게 밤새 알뜰한 사랑을 받아왔던 요강도, 아침에는 할머니 손에 이끌려 슬그머니 뒷간으로 향하게 된다. 먼동이 트면서 이제 그만 제 역할이 끝났기 때문이다.

그런데 옛날 그 화장실은 지금처럼 번듯하게 실내에 배치되어 있었던 것이 아니라, 저 멀리 떨어진 한쪽 뒤편에 있었다. 그래서 보통 뒷간이나 측간廁間이라고 불렸다. 또 볼일을 다 본 뒤에는 재[灰]를 뿌린 후, 삽으로 떠서 한쪽에 쌓아두었기 때문에 잿간이나 회간灰間이라고도 하였다. 그것뿐만이 아니다. 사찰에서는 거기에 그럴듯한 의미까지 담아서 거창하게 해우소解憂所라고 불렀다. '근심을 푸는 공간'이라는 뜻이다. 하긴 다급할 때 보면, 그보다 더한 번뇌가 세상에 어디 있으랴?

그런가하면, 농촌에서는 땅바닥에 커다란 항아리를 묻어두고, 거기에 분뇨가 일정하게 차오를 때마다 다시 퍼내야 하던 수거식收去式 뒷간이 일반적이었으며, 또 돼지우리와 뒷간을 겸한 '똥돼지간'이라는 것도 있었다.

물론 지금은 다들 그냥 간단하게 화장실化粧室이라고 부른다. 예전에 그저 변소便所라고 퉁명스럽게 내뱉던 이름에서, 단장을 한다는 의미를 담아서 화장실이라고 점잖게 바꿔 부르게 된 것이다. 이름이야 어떻던, 화장실이 예나 지금이나 그렇게 춥고 냄새나고, 또 불편한 공간인 것만큼은 여전히 변함이 없는 것 같다.

그런데 요즘 화장실은 거의 다 수세식으로 바뀌어서 우선 보기에는 무척 깔끔해졌지만, 그게 더 위생적이라고 할 수만은 없게 되었다. 곧바로 오물을 처리한답시고 볼일을 본 뒤에 그 많은 물을 한꺼번에 쏟아 붓고 있으니, 어디서나 하수종말처리장은 심한 몸살을 앓고 있는 것이다. 또 그 처리과정에서도 오물이 토양에 스며드는 등 부작용은 생각보다 훨씬 더 심각하다고 한다.

그래도 옛날에는 처리과정이 비교적 단순하고 명쾌했었다. 잿간에 쌓아둔 재灰로 인분人糞을 덮어두었다가 어느 정도 쌓이게 되면 지게로 지어내거나, 직접 뒷간에서 소위 똥장군5)으로 인분을 길어내어 채마밭에 거름으로 알뜰하게 사용하기도 했다. 또 일부지방에서는 돼지우리 위에 바로 뒷간을 올려놓고, 돼지사료로 인분을 활용하기까지 했던 것이다.

이젠 전설이 된 똥장군(농업박물관 소장)

물론 한때는 그게 전근대적인 처리방식이라고 비아냥거림을 받기도 했지만, 확실히 자연생태계의 순환질서에 순응하는 처리방식이었던 것만큼은 분명하다. 환경에 대한 인식이 날로 높아가고 있는 요즈음, 그래서 옛날 뒷간의 그 처리방식이 다시 새롭게 조명되고 있는 것 같다.

---

5 옛날 재래식 화장실에서 인분人糞을 퍼 나르던, 나무나 질그릇으로 만든 통.

그러나 아무리 친환경적인 방식이라고 하더라도, 옛날처럼 그걸 사람이 직접 처리한다는 것은 참으로 역겨운 일이었다. 걸음을 옮길 때마다 등 뒤에서 꿀렁거리며 분출하는 역한 냄새를 억지로 참아가며, 똥장군을 지고 채마밭으로 나가길 수차례 반복하다보면, 어깨에 튄 오물과 함께 몸은 온통 땀으로 뒤범벅이 된다. 지나가던 애들마저 똥장군을 만나면 코를 막고 냅다 도망을 친다. 마치 저희들은 뒷간 근처에는 얼씬도 하지 않는 것처럼…….

그래도 한집안 식구의 일이었던지라 꾹 참고 지게작대기를 연신 두들기며 골목길을 왔다갔다 하다보면, 그 일도 어느새 끝이 보이게 된다. 마침내 빈 똥장군을 지게에 걸머지고 터덜터덜 돌아오는 길에는 별의별 생각이 다 든다.

"이제 더 이상 이 일만은 하지 말았으면…….'

"아니 비록 나는 어쩔 수 없다고 하더라도, 내 자식만은 이 지게 밑에 쑤셔 넣지 말아야지……!"

지금이야 처음부터 수세식 화장실을 아주 당연한 것으로 받아들이며 사용하고 있지만, 옛날에는 거의 다 그랬다. 화장실 하나에도, 그렇게 간절한 비원悲願이 담겨 있었던 것이다.

비록 그땐 고된 일터였지만

 빨래터

예전에는 어느 마을이나 그 앞 냇가에, 널따란 빨래터가 하나씩 자리 잡고 있었다. 그렇다고 해서 그저 발길 닿는 대로, 냇가주변 아무 데나 빨래터가 널려 있는 것은 아니었다. 저 윗마을에서 흘러내려오던 냇물이 비로소 잔잔해지는 곳이라든지, 그 주위에 조금 더 넓적하고 반반한 바위가 한두 개 널려 있는, 흔히 그러한 장소에 빨래터가 덩그렇게 배치되어 있곤 하였다.

물론, 지금처럼 굳고 단단한 콘크리트 구조물로 물막이를 하는 것이 아니라, 그저 잔돌 몇 개를 빼거나 옮겨서 흐르는 냇물을 좀 더 오래 가둬두는 정도로 그쳤다. 조금 더 큰 빨래터에서는 그 주변에 호박돌과 자갈을 서너 겹 차곡차곡 쌓아올려서 아담한 둑을 만들기도 했지만, 때로 그것마저 여의치 않으면 냇가 바닥을 조금 더 깊게 파내서, 일정한 수심

아낙네들의 소통처, 빨래터

水深으로 맞춰놓았다.

그래서 흘러내려오는 냇물이 저절로 빨래터 개울둑에 걸려, 항상 그 높이만큼만 넘실대곤 하였다. 바닥에는 피라미나 쉬리가 냇돌 사이로 재빠른 유영遊泳을 즐기고 있었고, 겨우 배꼽높이밖에 차있지 않은 물이지만, 제 엄마 따라 나온 아이들의 오후 한때 즐거운 물 놀이터로는 조금도 손색이 없었다.

아니, 조금 더 큰 애들도 마찬가지였다. 때로는 물장구를 치다가 빨래동이를 뒤엎기 일쑤였고, 애꿎은 피라미를 잡는답시고 냇돌 무더기를 들춰내다가 개울둑을 허물어뜨리는 것도 한두 번이 아니었다.

어디 그뿐이랴! 물수제비를 뜬답시고 넓고 얄찍한 잔돌을 수면水面 위로 미끄러지듯이 던지려다가, 그만 욕심이 지나쳤던지 길가 모퉁이 집 소녀에게 물벼락을 치기도 했고, 또 가끔 던진 돌이 살짝 빗나가, 그 희멀건 이마에 그만 벌건 생채기를 내놓은 것도 한두 번이 아니었다.

그래도 당시에는 어느 집이나 별도의 다용도실이나 세탁기가 없었던 시절이라, 틈만 나면 마을 아낙네들은 곧잘 빨래터로 향하곤 하였다. 그렇게 다들 빨랫감을 한 움큼씩 머리에 이고 든 채, 그 좁고 긴 논둑길을 따라서 빨래터로 나서는 것이 당시 농촌의 일상적인 풍경이었다.

그런데 그것도 그냥 달랑 혼자가 아니었다. 고추밭에 다녀오다가 만나서 따로 약속을 잡는 경우도 있었지만, 그게 여의치 않으면 때로는 건넛집 돌담을 돌아나가다가, 아예 "빨래 가자"고 일부러 동무를 삼기도 하였다.

심심했기 때문이었을까? 그저 흘러내려오는 냇물소리만 들으며 빨래방망이를 두드리기에는, 혹시 청춘이 너무 속절없다고 생각한 것은 아니었을까? 아니, 맺혔던 것을 그만 '풀어버리고' 싶었는지도 모른다.

엊그제 장날, 서방님 몰래 그만 덥석 사둔 양은洋銀 그릇 한 세트, 홧김에 부지깽이로 냅다 후려쳤다가 지금도 자꾸 눈앞에서 삼삼하게 아른거리고 있는 둘째 놈의 시뻘건 볼기짝, 또 기다렸다는 듯이 아침마다 눈뜨기가 무섭게 들려오는 시어머니의 잔소리, 게다가 아랫마을 삼식이네 일가족 야반도주사건으로 아무 말도 못하고 그만 떼이게 된 찹쌀 댓 말까지……

그래서 칭얼대는 어린 애까지 들쳐 업고, 틈만 나면 그렇게 빨래터로 줄행랑을 쳤는지도 모른다. 후련했으리라. 말보따리를 직접 풀어놓는 것도 좋았지만 들어주는 게 더 좋았나보다. 가만 입을 다물고 있던 당골네 새댁까지 더듬더듬 입을 떼게 되면, 다들 귀를 쫑긋 세우지 않을 수 없었다. 그렇게 빨래터에서 절로 마음이 술술 풀렸나갔다. 때로는 빨래처럼 새하얘지는 후련함을 느꼈을 것이다. 마치 남모르는 해방구解放口라도 되는 냥……

물론, 뜬소문도 적잖았다. 간혹 오해까지 남겼다. 그러다가 그게 다툼의 빌미가 되기도 하고, 정말 어떤 때는 영원히 보지 않을 것처럼 서로 앵돌아지기도 하였다.

그래도 빨래터를 찾지 않을 수는 없었나보다. 어쩔 수 없이 다시 또 빨래터에서 마주치게 된다. 그럴 땐 마치 약속이나 한 것처럼, 서로 저만치 떨어져 비껴 앉는다. 인기척에 고개를 돌렸다가도, 모른 체 하기 일쑤다. 어쩔 수 없이 빨래터엔 때 이른 정적이 찾아든다.

그 고요 사이로 애꿎은 냇물소리가 점점 더 거세지려는 찰나, 어디선가 갑자기 빨래방망이 소리가 "탁~" 하고 터졌다. 마치 저 위 봇물이 일시에 무너져는 소리처럼 귀청을 때렸다. 곧이어 "뚝딱뚝딱" 빨래방망이 소리가 연이어 뒤따랐다.

아마 분憤이 덜 풀렸던가보다. 맘껏 두들겨 팬 빨래방망이의 궤적을 따라서, 비눗물이 그만 얼굴까지 튀어 올랐다. 그걸 훔쳐내려다가 이번엔 비눗물이 눈에 들어갔는지, 눈까지 아렸다. 짜증이 났다.

그때, 하얀 빨랫감 하나가 물길을 따라 둥실둥실 떠내려가고 있었다. "어, 어~" 한쪽에서 황급하게 외치는 사이, 서로 눈길은 마주쳤고, 끊겼던 대화는 자연스레 이어졌다. 빨래터에선 다툼의 마침표조차 그렇게 싱겁게 찍히고 말았다.

그 빨래터가 지금은 다들 어디로 갔는지, 거의 다 자취를 감췄다. 하긴 집집마다 깔끔한 다용도실에 세탁기까지 들여놨으니, 새삼스레 다시 빨래터를 찾을 필요가 어디 있으랴?

그래서 이제는 빨래를 한답시고, 예전처럼 그렇게 걷어 올린 희멀건 무릎을 이웃끼리 서로 맞대고, 삼삼오오 모여 앉을 필요도 없게 되었다.

그저 다들 제 집 현관문을 걸어 잠그고 들어앉아서, 세탁기 스위치만 각자 눌러대고 있을 뿐이다.

나지막하게 "웅웅"거리며 쉴 새 없이 돌아가고 있는 저 세탁기의 모터 소리가, 여기저기에서 "뚝딱"거리며 정겹게 들려오던, 옛날 그 빨래방망이의 대역代役인 줄은, 차마 꿈에도 모른 채……

장독대

간장, 된장, 고추장 등의 장醬은 옛날부터 우리 밥상에 없어서는 안 될 아주 소중한 천연조미료였다. 그래서 입맛도 장에서 나고, 건강도 장으로 챙겼다고 한다. 아예 장을 빼고는 먹을 게 없을 정도였다. 그런 탓에 장醬이 보관되는 장독과 장독대는 때로 신성불가침의 공간(?)으로까지 여겨지게 되었다.

그래서 장독대 위치도 가렸지만, 장독을 보관할 때도 그냥 아무렇게나 놔두는 것이 아니었다. 나름대로 온갖 정성과 살뜰한 사랑을 듬뿍듬뿍 쏟아부었다. 오죽하면 "장독과 어린애는 얼지 않는다."라는 말까지 생겼겠는가? 그만큼 애지중지 여겼다는 얘기가 된다.

그런데 또 '장독보다는 장맛'이라고도 한다. 정말 '독'은 볼품이 없었다. 장독대도 마찬가지였다. 대臺라고 해도 겨우 마당과 구별되는 정도에 지나지 않았다. 마당보다 조금 높게 흙을 돋우고, 빙 둘러 잔돌을 쌓아올리는 정도로 그쳤다. 물론 그게 한두 단이 되기도 하고, 서너 단으로 제법 우람한 장독대도 있었다.

아마 처음부터 막 쓰는 마당과는 좀 구분해두고 싶었는지도 모른다. 설사 그게 아니더라도 대臺를 둘러놓으면, 배수나 통풍에서 유리했을 것이다. 그래서 이름부터가 고려왕궁이었던 만월대滿月臺처럼 근사하게 '장독대'였다. 아니, 대臺라고 하기가 조금 민망해지면, 또 '장꽝'이나 '장곳간'이라고도 쉽게 바꿔 불렀다. 장醬을 저장해두는, 일종의 '곳간'이라는 뜻이었을 게다.

어쨌든 장독대는 햇살과 바람이 잘 통하는, 양지바른 곳에 자리 잡는 것을 제일로 쳤다. 그래야 이른바 장맛이 잘 들기 때문이다. 푹 곰삭고 뜸이 든 장맛은 그렇게 저 깊은 곳에서부터 저절로 우러나오는 것이라고 믿었기 때문이다.

아무리 그래도 어렸을 땐, 나와는 별 상관이 없는 공간으로 여겼다. 그저 어머니와 할머니가 부지런히 드나들었고, 간간히 금줄도 걸려 있었으며, 또 해마다 정초正初에는 마을 풍물패들이 장독대로 몰려가 한바탕 굿을 벌이기도 했지만, 사실 내겐 그때 잠깐뿐이었다.

그래도 장독대는 꽤나 살가운 존재였다. 마당에서 숨바꼭질할 때나, 웬 낯선 손님들이 집안으로 들이닥쳤을 때, 어찌할지 몰라 엉겁결에 그만 장독대 뒤에 숨기도 했고, 또 때로 다급한 위기상황을 막는답시고 그만 냅다 걷어찬 축구공이 하필 장독대로 "툭" 떨어지면서 "쨍그랑" 소리를 내지르며, 그때서야 그동안 잊었던 제 존재를 슬그머니 드러내곤 하였던 것이다.

그런데 그러한 장독대도 저 혼자 외톨이로 지내기는 무척 힘들었나보다. 대부분 제 곁에 작은 우물이나 빨랫줄 하나 정도는 거느리고 있었다. 그래서 가끔 상치, 쑥갓을 씻는 허드레 공간으로도 쓰였고, 아침마다 온

맛이 우러나는 공간, 장독대

가족의 세수간洗手間으로도 알뜰히 활용되곤 하였던 것이다.

그렇지만 장독대 우물가로 세수하러 나다니는 일도 예삿일이 아니었다. 더구나 한겨울에는 방문을 열고, 밖으로 나서는 것부터 한참을 망설여야만 했다.

그래도 등교시간이 점점 더 코앞으로 다가오면 이제는 별 수 없다. 방문을 열고 몸을 잔뜩 움츠린 채, 우물가로 재빠르게 뛰어나가야 한다. 별수 없이 얼른 고양이 세수를 하고, 다시 또 부리나케 마루로 총알처럼 뛰어 올라왔다.

그러면 그 사이를 못 참고 얼굴에서 흘러내린 차가운 물줄기가, 어느새 목덜미를 따라 배꼽까지 서늘하게 타고 내린다. 그 냉기冷氣를 체감하는 찰나, 질겁하며 방 문고리를 낚아채듯 잡아당겨 보지만, 손은 이미 문고리에 "쩍" 하고 달라붙어버린 뒤였다. 손가락 사이로 파고드는 추위가 이렇게 매서운 줄 미처 몰랐다.

그렇게 게으름을 피우다가도, 간혹 조금 일찍 일어난 날 아침에는, 장독대 근처로 어슬렁거리며 우물물을 길러 나갔다. 지금처럼 실내에서 수도꼭지만 틀면 냉온수가 한꺼번에 펑펑 쏟아지는 것이 아니라, 일일이 두레박으로 길어 올려야만 했기 때문에, 당시에는 물을 긷는 것도 꽤나 힘든 일이었다.

그런데 그걸 다시 물통에 담아서 부엌으로 날라야 하다니? 그것도 몇 번씩이나? 그렇다고 망설일 수는 없었다. 일단 물통부터 집어 들었다. 한 손에 물통을 들고 찰랑찰랑한 물통과 균형을 맞추느라 뒤뚱거리면서 서둘러 부엌으로 뛰어가다 보면, 그 주변은 온통 물난리가 난다. 한바탕 '쓰나미'가 덮쳐온 것과 같은 참상(?)을 빚어냈다.

그래도 장독대는 때로 꽤나 살가운 존재였다. 지나가는 계절까지 고스란히 담아내는 멋도 부릴 줄 알았다. 제 옆에 우두커니 서있던 감나무나 대추나무가 무성했던 봄여름의 기억을 쓸쓸히 뒤로 한 채, 마침내 제 잎과 열매를 장독대에 "툭툭" 떨어뜨려 놓는 날, 그들과 어울려 가을 하나를 제대로 채색해놓았던 것이다.

그걸 보고 영랑[6]도 그냥 지나칠 수가 없었던가보다. 어느 맑은 가을날, 가슴속으로 솟구쳐 오르는 그 감흥을 이렇게 적어놓았다.

"오-매 단풍 들 것네"
장광에 골붉은 감잎 날아와
누이는 놀란 듯이 치어다보며
"오-매 단풍 들 것네"

---

6 김영랑(金永郎, 1903~1950), 본명은 김윤식. 「모란이 피기까지는」으로 잘 알려진 시인으로 잘 다듬어진 언어로 섬세하고 영롱한 서정을 노래하며, 순수서정시의 새로운 지평을 열었다고 평가받고 있다.

빨래줄에 나부끼는 어느 오후 한때

추석이 내일 모레 기둘리리
바람이 자지어서 걱정이리
누이의 마음아 나를 보아라
"오-매 단풍 들 것네"

그런가 하면, 또 어디서나 장독대 근처 우물가에는 하늘 높이 치솟아 오른 바지랑대가 빠지지 않았다. "축" 늘어진 빨랫줄이 드리운 포물선을 좌우로 길게 거느린 채, 한꺼번에 "쭉" 치켜 올라간 바지랑대의 위용은, 때로 수컷의 상징처럼 한껏 웅장하기만 했다.

그 자태에 반했던지, 잠자리가 앉을까 말까 몇 번 염탐을 하다가, 마침내 살포시 내려앉는다. 이에 시샘이라도 하려는 듯, 새하얀 빨래가 서로들 제 몸을 부대끼며 한껏 드높아진 창공을 향해, 쉬지 않고 나풀거리고 있었다.

 부엌

지금은 어느 집이나 그저 간단하게 싱크대를 들여놓고, 그 앞에 서서 요리를 하는 게 일상적인 풍경이 되었지만, 싱크대를 중심으로 한 '입식주방' 이 우리네 살림집에 도입된 것은, 사실 그리 오래 된 일이 아니다.[7] 양식주택이나 아파트를 따라 처음 선뵈기 시작한 이 싱크대도 당시에는 무척 생소한 물건이었던 것이다.

오랜 세월동안 부엌 흙바닥에 웅크리고 주저앉아서, 그저 당연한 것처럼 아궁이에 불을 지피고, 또 무쇠솥뚜껑을 이리저리 밀치고 젖히면서 식사를 준비하던 예전 아낙네들에게, 사랑방 바로 옆으로 들어온 주방은 당시로선 말 그대로 '파격破格' 이라고 하지 않을 수 없었다.

우선 높이부터가 달라졌다. 평등해진 것이다. 군불을 지펴서 난방을 하던 옛날 구들방은, 그 구조상 어쩔 수 없이 아궁이가 방바닥보다 1미터 정도 아래에 위치해 있어야 했다. 그래야만 밑으로 쳐진 아궁이 바닥에서 취사도 하고, 그 폐열廢熱로 방바닥을 데울 수가 있었기 때문이다. 자연적으로 부엌은 방바닥과 그 높이에서부터 '차별' 이 생기지 않을 수 없었던 것이다.

또 부엌의 위치도 지금처럼 각 방과의 동선動線을 우선적으로 고려한 것이 아니라, 취사와 난방을 하는데 모든 초점이 맞춰져 있었다. 그래서 집의 중심에 배치되어 있는 것이 아니라, 한쪽 측면에 다소곳이 배치될

---

7 물론, 고구려 시대에도 엉덩이를 방바닥에 붙이며 사는 좌식생활보다는, 의자나 가구를 들여놓는 입식생활을 주로 했었다.

아궁이

수밖에 없었다. 그게 당시 우리네 부엌의 태생적인 한계였다.

　주거공간의 한쪽에 위치해 있고, 더더구나 그 바닥높이까지 일상생활이 이루어지는 방바닥이나 마룻바닥보다 훨씬 낮게 설치되어 있다면, 그만큼 동선은 길어지고 신체의 굴신屈伸작용은 극대화되지 않을 수 없었다.

　그래도 예전에는 다들 그렇게 살았다. 살림집이라고 하는 몸체에, 마치 '부속품처럼' 끼워진 부엌에서 한 치도 벗어나려 하지 않은 채, 그저 부엌 흙바닥에 웅크리고 앉아서 부지깽이로 불도 지피고 솥뚜껑도 들었다 놨다 하면서, 숙명처럼 그 모진 세월을 견뎌냈던 것이다.

　그런데 그렇게 '낮고 외진' 부엌도, 때로는 우리 아낙네들에게 이루 말할 수 없이 살뜰한 공간으로 다가오곤 하였다. 아궁이에 나뭇가지를 밀어놓고 웬만큼 불이 사그라질 때까지 잠시 한숨을 돌릴 수도 있었고, 일부러 작은 부지깽이를 골라 부엌 흙바닥에 글도 써보고 그림도 그려가며, 잠시나마 그 근심걱정을 잠재울 수 있었다. 그동안 잊고 지냈던 그리움과 무심함, 때로는 꾹꾹 눌러 참아왔던 그 어떤 설움까지도……

물론 그것도 잠시, 저녁밥을 짓던 무쇠솥뚜껑 바로 밑으로 밥 눈물이 줄줄 흐르고 하얀 김이 모락모락 피어오르게 되면, 그 짧은 평온은 순식간에 깨지고 만다. 깜빡 잊고 있었던 듯 서둘러 벽면에 걸어두었던 밥상을 펴고 살강[8]에서 방금 꺼낸 밑반찬을 서둘러 듬성듬성 챙겨놓는다. 거기에 따끈따끈한 밥과 국그릇까지 더 얹어서, 다시 또 급히 부엌문을 열고나서야 했다.

그것으로 끝이 아니었다. 왜 또 그리 식구들은 많았던지, 끼니때마다 부엌 문턱을 드나드는 것도 한두 번이 아니었다. 다행이 철든 딸내미라도 하나 있었으면, 일손을 조금 덜어줬으련만! 부엌바닥에서 방바닥으로 오르락내리락하는 '높이 이동'은 그칠 줄을 몰랐다.

지금은 싱크대에서 곧장 식탁으로 음식이 직행하도록 주방설계가 바뀌고 생활형태도 많이 변했지만, 옛날 우리네 살림집에서의 부엌풍경은 거의 다 그랬다. 흙바닥, 부지깽이, 살강, 그리고 또 가마솥과 밥상…….

그런데, 그 고단한 일상을 싱크대가 모두 한꺼번에 밀어내버린 것이다. 마치 제자리를 찾듯 '부엌에서 주방으로' 바닥높이가 격상되고, 또 그 위에 싱크대와 식탁이 번듯하게 놓이면서, 이제 주방은 가사노동의 해방구(?)로 자리 잡게 되었다.

밥 한 그릇에 온갖 사랑과 정성을 담아내며, 때로는 스스로 위안을 얻고 스트레스까지도 풀어내던 그 부엌에서, 우리 어머니와 할머니 그리고 또 그 할머니의 할머니들이 견뎌온 인고忍苦의 세월은, 그렇게 까마득한 전설로 잊어버린 채…….

---

8 그릇 따위를 얹어 놓기 위하여 부엌의 벽 중턱에 설치한 선반.

상갓집

 살다보면 싫건 좋건 다들 관혼상제冠婚喪祭라는 의례를 거치게 된다. 물론 예전보다는 그 절차도 한결 간소해졌고, 또 의미나 관심도 많이 달라지긴 해졌지만, 어쨌든 건너지 않을 수 없는 길목인 것만은 분명한 사실이다.
 그래서 그런지 봄가을마다 결혼식장은 말 그대로 북새통을 이룬다. 아니, 지금은 시쳇말로 때와 장소를 가리지 않는다. 어디나 결혼예식장 주변에서는 차와 사람이 뒤엉켜서 한바탕 큰 홍역을 치르게 된다. 어떤 땐 마치 도떼기시장 같다.
 그런데 이제 그게 장례식장으로까지 번져가고 있다. 다르다면 굳이 '때'를 가리지 않는다는 것뿐이다. 장례식장마다 비슷비슷한 모양의 조화弔花가 넘쳐난다. 행세깨나 하는 집안에서는 더하다. 무릎을 굽혔다가 일어나는 상주들의 맞절에서도 심히 고단해 보이는 기색이 역력하다. 하긴 상주가 아무리 고단한들, 지금 이승과 저승의 경계를 넘나드는 고인에 비할까마는…….
 물론 옛날에도 상갓집은 그랬다. 혼례와는 달리 상喪은 부지불식간에 당하기 마련이라서, 땀을 뻘뻘 흘리는 여름이든 매서운 추위로 오금도 못 펴는 겨울이든, 상주喪主들은 빈소殯所가 차려진 빈청賓廳으로 나가 죽장망혜竹杖芒鞋에 삼베옷을 입은 채, "꺼이꺼이" 곡哭을 하며 조문을 받았다.
 그 저편으로 마을 아낙네들이 옹기종기 모여 앉아 음식을 준비하고 설

상여 타고 돌아가는 길

 거지를 하느라 부산을 떨다가, 갑자기 터지는 조문객의 애도소리에 가끔씩 고인故人이 생각나는지 걸치고 앉았던 행주치마로 애써 눈물을 훔쳐내곤 하였다. 또 마당 한편에서는 여전히 왁자지껄하게 화투판과 윷판이 벌어졌고, 드나드는 이런저런 조문객들로 인해서 그때도 그렇게 상갓집은 부산했다.
 아니, 그것뿐만이 아니었다. 때로 내로라하는 부잣집에서는 출상出喪 전날 밤, 상여를 메고 나가는 예행연습까지 했다. 상여꾼들이 빈 상여를 메고 제자리에서 몸을 서로 비스듬히 기울인 채, 선소리꾼의 선소리와 요령鐃鈴[9]에 맞춰 매기는 구슬픈 상엿소리는 당시에도 좀처럼 볼 수 없는 이색적인 야외 밤풍경이었다.
 그런데 지금은 그게 모두 다, 어엿하게 잘 지은 장례식장의 내부로 '공간이동'을 하게 되었다. 그러면서 뺄 것은 빼고 더할 것은 더했다고는 하

---

9 종種 모양의 법구法具로서, 상여 나갈 때 선소리꾼이 흔든다.

지만, 한층 더 요란하고 시끄러워진 것만은 분명하다.

상복喪服도 마찬가지다. 예전의 그 누런 삼베옷이나 하얀 소복素服 차림이 아니라, 이제 거의 다 검정 일색이다. 검정 양복에 검정 한복? 그게 과거 소복素服의 그 하얀 '백색白色'을 밀어내고 어느새 우리네 상복색깔로 자리 잡게 된 것이다.

그렇게 상복색깔이 변한 탓일까? 아니, 장례가 '외부에서 내부로' 공간이동을 한 탓일 게다. 고인故人을 보내는 슬픔에 겨워 곡哭을 하던 모습은, 요즘은 거의 찾아볼 수 없게 되었다. 모두 다 번듯하게 잘 차려진 장례식장이라고 하는 집에서, 그저 하나의 '절차'를 세련되게 거행하고 있는 배우들 같다.

이제 점차 장례에서조차, 죽은 사람보다는 산 사람 위주라는 사실을 아무 거리낌 없이 드러내고 있는 것인지도 모른다. 그래도 장례식장에서 되돌아올 때마다, 옛날 그 지푸라기 굴건屈巾과 소복素服에서 생사生死를 가른 곡절曲節을 더 듣고 싶어진다. 이미 때늦은 욕심이겠지만……

가난한 날의 기록

 창호지

옛날에는 참 추웠다. 한겨울날씨도 추웠지만, 어렸을 때 살던 집은 유난히 더 추웠다. 윗목에 떠다놓았던 자리끼가 아침에 일어나보면 살짝 얼어 있을 정도였으니까, 추위도 보통 추운 게 아니었던 모양이다. 사실 그 얇디얇은 창호지 한두 장을 창과 문에 발라놓고, 북풍한설이 매섭게 몰아치는 한겨울을 버텼다는 것은, 지금 돌이켜 생각해봐도 정말 대단한 일이었다.

물론 그게 꼭 창호지만의 문제는 아니었을지도 모른다. 집안 구석구석에 어쩔 수 없이 생기는 '틈'이 더 큰 문제였다. 문에는 문틈이 있었고, 벽에는 벽틈이 있었으며, 창호지 자체에도 공기구멍이 성글게 여기저기 나 있었던 것이다.

그 작은 틈으로 마치 황소바람이 파고들 듯, 추위는 방안으로 매섭게 파고들었다. 그래서 해마다 늦가을 찬바람이 몰아칠 때쯤이면, 집안의

창호지가 정갈한 문

빈틈을 찾아서 그 틈을 막는 것으로 월동越冬준비를 시작하곤 하였다.

그러나 이제는 아파트가 등장하면서, 바뀌어도 참 많이 바뀌었다. 좌우 옆집과 위 아랫집에서 동시에 모두 훈훈하게 난방보일러를 틀어놓고 있으니 웃풍이 생기려야 생길 수 없게 되었을 뿐만 아니라, 자그마한 틈 하나라도 모두 부실로 간주하고 밀봉해버리는 바람에, 현대 주거공간에서 틈이란 틈은, 이제 거의 찾아볼 수 없는 낡은 유물遺物이 되고 말았다.

이에 그치지 않고 무한질주를 거듭한 설비시스템의 진화 덕분에, 이제는 굳이 손을 "호호" 불며 우물가로 물을 길러 나갈 필요도 없어졌고, 세수하러 나왔다가 손이 문고리에 쩍쩍 달라붙는 고초를 겪을 일도 없어졌으며, 또 "포르르~" 떠는 문풍지 소리를 들으며 다시 이불을 뒤집어쓰던 풍경도 사라지게 되었다. 어느 집이나 실내에서는 수도꼭지 하나만 틀면 온수溫水가 펑펑 쏟아지고, 그 물로 매일 샤워를 하고 있으니, 밖이 아무리 춥다고 한들 나와는 별로 상관없는 일이 되고 말았다.

그런데 그렇게 집안에 나있던 틈을 꽉꽉 틀어막은 채, 기계설비장치에 의존하다보니, 예전에는 찾아볼 수 없었던 다른 문제들이 점차 도드라져 나오기 시작하였다. 지금 우리가 '새집증후군'이라고 하며 부산을 떨고 있는 것도, 사실 알고 보면 그 틈이 막혀버린 탓이라고 할 수 있다. 너무나 기밀성氣密性이 뛰어난 창문새시로서 실내외의 기류를 차단하고, 그걸 제때 순환시켜 주지 못하기 때문에 생기는 증상들인 셈이다.

그래서 요즘 우리 주거공간에서는 다시 그 '틈'에 주목하고 있다. 예전처럼 집안 곳곳에 빈틈이 존재하고 있다면, 실내에서 발생한 이산화탄소나 포름알데히드(formaldehyde)라는 유해물질은, 자연스럽게 외부공기와 희석이 될 수 있기 때문이다. 아니, 어느 집에서는 겨울에도 일부러 창을 손톱넓이만큼씩 열어두는 것으로서 그걸 대신하고 있기도 하다.

목조집이나 흙집에서는, 흙이나 목재라는 자연소재의 특성상 그 건조과정에서 수없이 많은 틈을 양산量産하게 된다. 목재가 뒤틀어지면서 벌어지게 되는 듬성듬성한 틈뿐만 아니라, 흙벽과의 접합부에서 생기는 작은 틈도 그저 하나둘이 아니다. 더구나 창호지로 사용하는 한지韓紙는, 본디 그 자체가 아주 성글고 작은 틈들로 구성되어 있었다. 자연스럽게 공기정화 기능까지 겸하게 되었던 것이다.

그러나 그러한 한지도 우리가 그 가치를 제대로 모르고 천대하는 바람에, 우리 곁에서 슬그머니 사라지게 되었다. 그래서 대부분 한지라고 하면, 한지공예나 무슨 전통적인 행사를 할 때만 요란하게 등장하는 '서글픈 존재'로 각인되고 있을 정도다.

알다시피 한지는 닥나무로 만든다. 닥나무껍질에서 뽑아낸 인피섬유를 원료로 하여 사람 손으로 직접 뜨게 되는데, 예로부터 사람의 손이 백

번이나 가야 완성된다고 해서 일명 백지百紙라고도 불렸다. 그런데 한지는 그 제작과정이 어려워서 그렇지, 일반종이가 가지지 못한 여러 가지 장점을 지니고 있었다.

우선 여름날 작열灼熱하는 태양빛이나 으스름한 달빛을 거르고 여과하는 기능이 탁월하다. 또 한지는 통기성通氣性이나 보온성保溫性도 겸비하고 있었는데, 환절기에는 실내 습도조절 기능마저 병행함으로서, 그 안에 거주하고 있는 사람들의 건강지킴이 역할까지 톡톡히 한몫하고 나섰던 것이다.

그것뿐만이 아니다. 한지는 질기고 부드러우며, 섬유질이 가늘고 길어서 유난히 더 오래 보존될 뿐만 아니라, 극성스럽게 파고드는 좀 벌레에도 웬만해서는 쉽게 굴하지 않았다. 게다가 한지를 바른 띠살문이나 완자살의 실내로 은은한 달빛이 숨어들고, 아침마다 잠을 깨는 귓전으로 새소리까지 들려온다면, 창호지에 묻혀 사는 즐거움은 이루 형언할 없는 단계가 된다.

그 옛날 누가 언제부터 우리네 주거공간에 끌어들였는지 그건 잘 모르겠지만, 창호지 한두 장을 내외부 경계지대에 두르려 했다는 것은 실로 획기적인 일이었다. 모두들 두껍게 막고 차단하려는 경박한 현대건축의 소용돌이 속에서, 그 얇디얇은 창호지 한두 장으로 내외부공간의 소통疏通을 마침내 이뤄낸 것이다.

전깃불

그래도 창호지를 바른 창窓은 참 어두웠다. 빛을 여과해보낼 뿐, 유리창처럼 쉽사리 빛을 통과시키지는 못했기 때문이다. 그래서 어쩔 수 없이 그땐 다들 어둡게 살았다. 더구나 캄캄한 밤에는 더했다.

그런데 그 어둠을 밀어낸 '빛' 이 제 스스로 찾아왔다. 전깃불이었다. 촛불이나 호롱불로 밤을 밝히던 당시 입장에서 보면, 그것은 가히 혁명적인(?) 사건이었다.

지금은 어딜 가나 흔하디흔하게 쏟아지는 것이 바로 전깃불이라고는 하지만, 그리고 또 전기 없이는 하루도 살아갈 수 없는 세상이 되고 말았지만, 한때 전깃불은 그 자체만으로도 문명의 상징으로 군림하던 그러한 시절이 있었다.

그래서 전깃불이 들어온다는 소식은 곧바로 마을 전체의 경사가 되었으며, 간선幹線공사를 하는 기술자들을 졸래졸래 따라다니는 마을 아이들의 눈빛은, 바깥세상의 그 '희한함' 에 저절로 빛나지 않을 수 없었다.

전깃불을 켜려면, 전기를 받을 수 있도록 일단 전봇대부터 가설해야 한다. 그래서 전기시설이 처음 설치될 땐, 으레 목재나 콘크리트로 만든 기다란 전봇대를 여러 장정壯丁들이 함께 달라붙어 트럭에서 내리고, 그걸 다시 목도[10]로 옮기는 과정을 수없이 반복하게 된다. 물론 지금처럼 중장비가 없던 시절이라, 작업은 느리고 고생은 이루 말로 표현할 수 없었을 것이다.

그 수고를 거쳐 집집마다 설치된 이상야릇한(?) 두꺼비집까지 전깃줄이 쭉쭉 연결된다. 여기에 그치지 않고, 전깃줄은 다시 군데군데 설치된 뽀얀 사기砂器 애자[11]에 휘어 감겼다가, 천정에 매달려 있는 동그란 백

---

10 두 사람 이상이 짝이 되어, 무거운 물건이나 돌덩이를 얽어맨 밧줄에 몽둥이를 꿰어 어깨에 메고 나르는 일.
11 전깃줄을 실내마감으로부터 일정하게 띄우거나 고정하기 위하여 천정이나 벽면에 붙여놓은 절연체. 일반적으로 자기질瓷器質로 되어 있다.

새로운 문명세계로의 진입,
전봇대

열등이나 기다란 형광등까지 내려오게 되면, 이제 모든 문제는 '스위치' 하나로 귀결된다. 현대 기계문명의 그 찬란한 원터치(one touch) 방식을 그때 처음 보게 된 것이다.

하나둘 숨을 죽이고 모두가 형광등 하나를 응시하던 찰라, 갑자기 방 안 전체에 불이 "팍~" 켜지면서, 한순간에 실내는 별천지로 변했다. 너무 밝았다. 그동안 촛불이 드리우고 있던 어둠은 흔적도 없이 사라지고, 마치 대낮처럼 환해졌다.

그런데 그게 문제였던가보다. 적응을 못한 동공瞳孔이 어쩔 줄 모르는 것 같았다. 온통 시리도록 눈이 부셨다. 처음에는 형광등을 수건으로 가려보기도 했지만, 별 소용이 없었다. 그렇게 한꺼번에 세상이 너무 밝아졌던 탓에, 오히려 불편을 호소하는 사람들까지 생겨나게 되었다.

그래서 그랬던지, 형광등 하나로 방 두 개를 동시에 밝히는 집도 하나 둘 늘어났다. 인접한 방 사이 경계벽에 작은 구멍을 뚫고, 거기에 기다란 형광등을 끼워 넣어 동시에 불을 밝혔던 것이다.

물론 지금은 모두 다 사라진 낯선 풍경이 되고 말았지만, 전깃불이 처음 들어오던 그때는 그랬다.

폐가廢家

잘살던 집도 폐가廢家가 되면, 우선 외관부터 을씨년스럽게 변한다. 그래서 밤이 되면 그 근처에 혼자 지나다니기도 어렵게 되고, 〈전설의 고향〉에 자주 등장하는 단골소재처럼 느껴지게 된다.

한동안 잘 붙어있던 창이 떨어져 나가고, 문짝도 사라졌으며, 마당엔 오래된 잡초만 무성해진다. 지나가는 바람이라도 "휙~" 불어 닥치면, 그동안 얌전하게 붙어 있던 천장이 갑자기 "뚝~" 떨어진다. 그 소리에 잠자던 쥐가 놀랐는지 "후드득" 소리를 내며 순식간에 사라진다. 얼결에 마룻장이 삐거덕거리고, 그동안 한구석에 마치 그려놓은 것처럼 고요하게 걸려 있던 거미줄조차 흔들거리기 시작한다.

그런데 일개 필부匹夫들의 집만 그랬던 것은 아니다. 한 시대를 풍미했던 도읍지에서도 마침내 닥치고야 마는 쇠락은 피해나갈 수 없었던가보다. 고려가 멸망하고 정처 없이 떠돌던 야은冶隱 길재가 다시 만월대滿月臺를 찾아갔다가, 그 덧없음에 이렇게 한탄하며 그 자리에 주저앉아 하염없이 흐느끼고 말았으리라.

> 오백 년 도읍지를 필마로 돌아드니
> 산천은 의구한데 인걸은 간 데 없네.

삶의 흔적만 남기고 사라지는 폐가

　어즈버 태평연월이 꿈이런가 하노라.

　궁터엔 잡초만 무성한 채, 그 육중하던 성문城門은 떨어져 나간 지 오래, 그저 지나가는 바람소리만 스산했을 것이다. 흘러간 태평세월에 대한 회한만, 방금 깨고 난 단꿈처럼 안타까웠다. 그렇게 흥망성쇠란 누구에게나 피해갈 수 없는 '길목'이었던가보다.
　예전에는 한적한 촌락村落에서도 마을 어귀마다 어김없이 폐가가 한두 채씩 생겨나곤 하였다. 한번 잘살아 보겠다고 도회지로 이사를 간 집도 있었지만, 더러는 후손이 끊어진 집도 있었고, 또 더러는 이웃총각과 눈이 맞아서 그만 깊은 야밤에 단봇짐을 싸서 줄행랑을 쳤다는 어느 과붓집 얘기도 심심찮았다.
　사연이야 어찌되었든, 일단 마을에 폐가가 생기게 되면, 처음에는 우선 동네 애들의 시끌벅적한 놀이터로 변하게 된다. 들락거리기 손쉽게 문짝부터 떼어내고, 마루판을 쿵쾅거리고 뛰어다니면서 총싸움 칼싸움 놀이로 순식간에 전쟁터를 방불케 한다. 그러나 그것도 잠시, 그것마저 시들해지면 이제 본격적으로 폐가로 진입하는 절차를 밟는다. 저절로 인적人跡이 끊어지게 되는 것이다.

가끔 귀신이 출몰한다는 소문도 점차 잦아지고, 어느 누구는 거나하게 술에 취해서 돌아오다가, 그 집 담벼락에 기대선 도깨비와 한바탕 씨름까지 했다더라고, 여기저기에서 수군거리게 된다.

상엿집

아니, 설사 그러한 폐가廢家는 아닐지라도 처음부터 소름이 쭉 돋아나는 집이 있었다. 상엿집이다. 물론, 부잣집에서야 초상이 나면 개인비용으로 상여喪輿를 꾸미고 만들어서 장지葬地까지 운구運柩한 다음 깨끗하게 불태워버리면 그만이었지만, 일반서민들에게는 그마저도 어려웠다.

그래서 별 수 없이 마을공동으로 '상여틀'을 마련하게 되고, 장례용품과 함께 그것을 보관해두는 상엿집이 필요하게 되었던 것이다. 상엿집은 보통 마을 어귀 외딴 곳이나 산 아래 후미진 곳에 위치해 있었는데, 인적이 드문 탓이었던지 그 근처에는 낮에도 귀신이 나올 것처럼, 을씨년스럽기만 하였다.

행여 그 근처에 지나갈 일이라도 생기게 되면, 우선 머리카락부터 쭉 섰다. 별 수 없이 지름길을 놔두고 돌아다녀야만 하였다. 겁쟁이들만 그랬던 것이 아니었다. 수없이 상喪을 치러본 상두꾼들 역시 마찬가지였다.

사람이 죽으면 발인發靷하는 날, 이른 아침에 동네 상두꾼[12]들이 상여와 곡괭이, 삽 등의 연장을 챙기러 왔다가, 장례가 끝나고 어둠이 깔릴

외딴 곳에 자리한 상엿집

때쯤 그 상여와 연장들을 도로 상엿집에 갖다 놓곤 하였다.

그런데 아무리 상두꾼이라고 하더라도 상엿집만큼은 서로 먼저 들어가지 않으려고 실랑이를 벌였다. 그러다가 결국 제일 연장자가 먼저 들어가게 되는데, 삐거덕거리는 출입문을 열고 들어가자면, 모르긴 몰라도 아마 절로 간(肝)이 살살 녹아내렸을 것이다.

지금은 예전처럼 초상을 치를 때도 직접 상여를 메지 않게 되었고, 또 설사 상여를 멘다고 하더라도 상여방틀[13]을 예전처럼 참나무나 박달나무 등으로 견고하게 만드는 것이 아니라, 그저 손쉽게 알루미늄 파이프로 용접해서 만들게 된다. 아니, 아예 상여방틀 자체가 없이 그냥 관(棺)으로만 운구하는 경우가 훨씬 더 많아졌다.

그래서 이제는 상엿집도 볼 수 없게 되었고, 또 상엿집을 피해서 저 멀리 돌아다니던, 옛날 그 아스라한 추억도 말끔히 잊어버리게 되었다.

---

12 상여를 메고 운구하는 사람, 상여꾼이라고도 한다.
13 흔히 꽃상여라고 부르는 윗부분은 초상 때마다 새로 꾸미는 것이고, 장지에 가서 불태우게 된다. 그리고 상엿집에 보관하는 상여방틀이란 보통 운구할 때 주로 사용되는 상여의 뼈대를 말하는 것이다.

지붕의 선물

 초가지붕

　지붕이라고 하면, 으레 고래등 같은 기와지붕을 연상하게 되지만, 집은 그 지붕재료에 따라서 초가집, 기와집, 너와집, 함석집 등으로 꽤나 다양했다. 물론 그중에서도 기와집과 초가집이 대표적이었는데, 비교적 살림살이가 넉넉한 집에서는 지붕에 기와를 얹어서 살았고, 그렇지 못한 여염집에서는 이엉을 엮어서 지붕에 덮고 살았다. 이엉을 엮을 재료로는, 가을추수가 끝나고 남은 볏짚이 주로 쓰였지만, 억새나 밀짚도 심심찮게 이용되곤 하였다.

　그런데 초가草家는 비교적 간단해 보이지만, 의외로 장점이 많은 지붕이었다. 볏짚 자체가 성글고 다량의 공기층을 형성하고 있었던 탓인지, 한겨울에는 열熱을 모아주었고, 여름에는 태양열을 차단해서 실내공간을 시원하게 만들어낼 줄 알았다.

서민들의 애환이 담긴 초가집

또 초가지붕은, 그 밑에 살고 있는 우리네 심성心性과 어쩌면 그리 비슷하게 닮았는지 모른다. 우리 얼굴처럼 둥글둥글했고, 앞 뒷산처럼 올망졸망하였다. 기교技巧란 아예 찾아볼 수 없었고, 처음부터 그저 투박스럽기만 하였다. 우리가 초가지붕을 닮은 것인지 초가지붕이 우리를 닮은 것인지, 쉽게 구분해내지 못할 정도로…….

초가지붕은 보통 이삼 년마다 추수가 끝나는 늦가을에, 단장丹粧을 시작하게 된다. 간단하고 허술할 것 같지만, 여러 겹으로 겹쳐서 이엉을 잇게 되므로, 그 일거리 자체가 그렇게 만만치만은 않았다.

먼저, 햇살이 따스하게 내려쬐는 마당 한 구석에 자리를 틀고 앉아, 몇 날 며칠 이엉부터 엮어서 차곡차곡 쌓아두는 것으로 일을 시작하게 된다. 때로는 이웃끼리 번갈아 이엉 엮는 일을 서로 도와주기도 하였다. 그것도 품앗이가 필요했던 모양이다.

이엉을 다 엮고 나면, 이제 본격적으로 지붕 잇는 작업에 들어간다. 지붕 처마 끝에 기다란 사다리를 걸쳐놓고 올라가서, 이엉을 거꾸로 편 다음 먼저 새끼줄로 잡아매게 되는데, 이것을 '속고새'라고 한다. 이엉을 지붕에 단단하게 고정시키기 위한 일종의 속옷이었던 셈이다.

그런 다음, 차례로 이엉을 지붕에 들어 올렸다. 이엉은 처마 끝에서부터 용마루로 덮어 올라가게 되는데, 한 사람이 앞에 나서서 골고루 펴놓으면, 다른 사람이 그 뒤를 따라가며 새끼줄로 단단하게 잡아매었다. 때로 골이 깊은 부분이 나타나면, 거기에 이엉을 더 펴고 깔아서, 전체적으로 다소곳하게 지붕물매를 잡아나가는 것도 빠뜨리지 않았다.

그렇게 이엉을 지붕에 골고루 다 편 다음, 흐트러진 지푸라기들은 싸리비로 싹싹 쓸어내리고, 다시 새끼줄로 지붕을 칭칭 동여매게 된다. 그걸 이번에는 '겉고새'라고 하는데, 바람에 지붕이 날아가지 않도록 하기 위한 보완장치였다. 그렇다고 너무 많이 동여매놓으면, 빗물이 잘 흘러내리지 못해서, 오히려 지붕이 썩게 되는 원인이 되고 만다. 모든 것은 그저 적당해야 했다.

어쨌든 그렇게 겉고새까지 끝내고 나면, 이번에는 처마 끝으로 들쑥날쑥한 지푸라기를 가지런하게 잘라내야 한다. 지붕도 이발을 해야 했던 것이다. 그래야만 가지런한 모습으로, 그해 겨울을 따뜻하게 견딜 수 있었다.

물론, 그렇게 집주인이 온갖 정성을 들여서 덮어놓은 초가지붕도 나중에는 결국 썩어서 사라질 수밖에 없게 된다. 안타깝지만, 그게 우리네 '집'이 가진 한계限界이자 또 다른 절차였다.

그러면서도 그동안 그 헐렁한 볏짚이 그처럼 지붕재료로서 알뜰살뜰한 사랑을 받아올 수 있었던 것은, 바로 지붕 '위'였기 때문이다. 지붕 위였던지라 사방팔방으로 공기가 잘 통했고, 또 무지막지하게 달려들던

습기마저도 "쨍쨍" 내려쬐는 햇빛으로 손쉽게 퇴치할 수 있었던 것이다.

그런데 아무리 그래도 그게 이삼 년마다 반복되다보니, 낡은 짚 위에 또 다시 볏짚이 덮여지게 되었고, 그래서 해가 갈수록 지붕은 자꾸만 더 두터워질 수밖에 없었다. 별 수 없이 오래된 볏짚은 걷어내야 했는데, 그런 날은 또 희한한 구경거리가 쏟아지는 날이었다. 초가지붕이 숨겨두었던 일종의 선물이었을까?

우선, 지붕에서 잘 발효된 볏짚을 걷어내자마자, 후끈후끈하게 달아오른 열熱이 감지되었다. 여름내 축열蓄熱이 되었던 것이다. 뿌듯했다. 저게 한겨울 내내 우리를 따뜻하게 지켜낼 포근한 사랑이었으니…….

지금으로 치자면 태양열시스템의 '축열판'이었던 셈이다. 그렇다고 해서 망설일 수는 없었다. 일단 걷어낸 볏짚은 쇠스랑으로 한 삽씩 떠다가 헛간에 차곡차곡 쌓아두었다. 그때마다 후끈후끈한 열기가 다가왔고, 두엄자리 썩는 냄새가 진동을 했다. 그래도 이른 봄, 저 건너 텃밭에 알뜰한 거름으로 뿌려두기 위해서는 별 수 없었다.

그러면서도 볏짚은 실로 대단해보였다. 볏짚의 일생이 참으로 장엄하게 느껴지기 시작한 것이다. 살아서는 쌀을 소출하는 '나락'으로 생존했다가, 죽어서도 우리 곁을 영영 떠나지 못하고, 이엉으로 엮여서 지붕에 차곡차곡 덮인 뒤, 마침내 제 몸까지 썩혀서 다시 거름으로 저렇게 우리에게 되돌아오다니…….

저절로 숙연해졌다. 그게 사랑이라면, 저보다 더 진한 사랑이 어디 있으랴?

그것뿐만이 아니었다. 볏짚을 한풀 걷어낸 지붕바닥에선, 헤아릴 수 없이 수많은 굼벵이들이 또 마당으로 "툭툭" 떨어졌다. 그동안 그 따뜻한 지붕 볏짚 속에서 굼벵이들이 성충成蟲이 되기 위해서, 잠을 자고 있다가 졸지에 날벼락을 맞게 된 것이다.

지금이야 일부러 굼벵이를 찾아서 보양식保養食으로 즐기는 세상이 되었지만, 그때는 굼벵이를 보는 것만으로도 징그러웠다. 그래서 지붕에서 걷어낸 볏짚 덩어리가 "툭툭" 떨어질 때마다, 다들 몸서리치듯 질겁하며 털어내지 않을 수 없었다.

그런데 그 굼벵이를 보면서, 불현듯 지난 겨울 일이 생각났다. 아무 생각 없이 그 처마 끝에서 고드름을 따먹었는데, 그때 그 고드름 빛깔이 어쩐지 이상하더라니……! 슬금슬금 우물가로 뒷걸음쳐서 연신 입을 헹궈냈다. 그렇다고 한번 매스꺼워지기 시작한 뱃속은 쉽게 가라앉을 기미조차 보이지 않았다.

아니, 굼벵이뿐만이 아니었다. 때로는 초가지붕에 구렁이도 깃들어 살았고, 또 이따금씩 참새도 들락거렸다. 구렁이야 쉬이 볼 수 없지만, 참새는 초가지붕에서 아예 둥지를 틀고 제 집처럼 살았다.

그런데 참새와는 한 지붕 두 가족이 될 수 없었나보다. 사랑방에 장정壯丁 두셋만 모여 앉아도, 사달이 났다. 입도 궁금했고, 술안주 생각도 났던 모양이다. 마침내 초가지붕에 숨어사는 참새의 생명을 빼앗기로 뜻이 모아졌다.

처마 끝에 사다리를 걸쳐대고, 서로들 숨을 죽인 채 지붕을 이리저리 기웃거리다가 마침내 잠든 참새를 발견하게 되면, 다짜고짜 그 동공瞳孔에 플래시부터 들이댔다. 그리곤 황망한 불빛에 옴짝달싹 못하는 참새 가족을 한 손으로 송두리째 주워들었다. 집 없는 설움에 참새는 얼마나 또 몸서리를 쳤으랴?

어쨌든 초가지붕에는 그렇게 많은 뭇 생명이 서식하고 있었다. 심지어

초가지붕의 정취

'집지킴이'라는 구렁이까지 살았다니…….

그렇게 해서 새로 덮인 초가지붕 위에는, 이듬해부터 빨간 고추가 널리기 시작하였다. 마치 가을햇볕에 돋아난 작고 길쭉길쭉한 가을의 선물 같았다.

때로는 초가지붕 위로 누런 호박넝쿨이 기어오르기도 했고, 또 주렁주렁 열린 둥근 박을 따라 하얀 박꽃도 피어났다. 때맞춰 보름달까지 앞산 정각亭閣 위로 두둥실 떠오르게 되면, 옛날 그 초가지붕은 유난히 더 빛났다. 오래도록 내 마음속에 잊히지 않는, 한 폭의 그림으로 아련하게 채색된 채…….

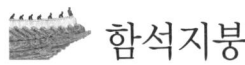 함석지붕

어디선가 갑자기 "후드득" 떨어지는 빗줄기에, 종일 잠자코 있던 함석

지붕이 "툭~, 툭~" 빗소리를 튀기기 시작한다. 처음에는 그저 간단한 연습반주 같던 공명음共鳴音이 급기야 격정에 휩싸인 즉흥환상곡처럼 휘몰아친다.

아무 거침이 없었다. 듣는 일랑 아예 안중眼中에도 없는 것 같았다. 제 흥에 겨워 그 얇은 함석지붕을 요란하게 두들겨댄다. 세상 어느 연주가 이보다 더 자연스러울 수 있으랴?

이에 질 새라, 또 함석지붕은 그 격정激情 그대로를 고스란히 음률音律로 바꿔놓는다. 마치 굿거리장단이 순식간에 자진모리장단을 거쳐 휘모리장단으로 몰아치는 것 같다. 그저 얌전하게 눈비를 막거나 바람과 더위를 가리라고 집에 덮어놓은 지붕에게도 그러한 때가 있었다.

때로는 한여름 작열灼熱하는 태양빛으로 제 온몸이 타는 듯이 달아올랐다가, 또 때로는 펑펑 쏟아지는 백설白雪을 고스란히 받아서 이고 진 채 힘겹게 버텨나간다. 그러다가 "후드득" 쏟아지는 빗줄기에, 함석지붕은 그렇게 저 먼 하늘과의 교감交感을 감히 어느 누구도 흉내 낼 수 없는 음률로 변환하여, 우리 귓가에 들려주곤 하였다.

그런데 그 시작은 정말 우연이었다. 수천 년 동안 우리의 하늘을 '이고 지고' 덮어온 초가지붕을 한꺼번에 걷어내고, 대대적으로 지붕개량(?)을 주도한 육칠십 년대, 바로 '새마을운동'이 그 시발始發이었던 것이다.

한번 지펴진 불길은 걷잡을 수 없었다. 그저 열熱이든 눈[雪]이든 빗물이든 가리지 않고 제 안으로 수렴하기만 하던, 초가지붕을 구태舊態로 간주하고, 모조리 걷어내기 시작하였다. 아무 미련도 없는 듯 했다.

그리고 그 자리에는 슬레이트와 함석이 얹혀졌다. 물론 요즘 슬레이트는 석면石綿이 함유되어 있다고 해서 해체할 때마다 애물단지가 되어버

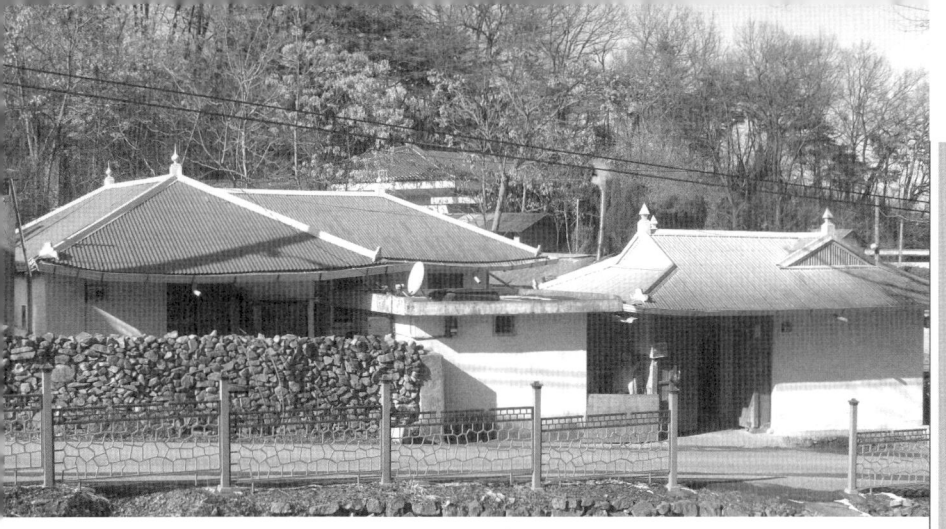

다시 또 빗소리가 들려올 것만 같은 함석지붕

리고 말았지만, 함석은 사정이 조금 달랐다. 당시 시대역할 탓이었을까?

아니 어쩌면 '라면냄비' 처럼, 비록 정식正食은 아니었지만, 때에 따라서는 아주 요긴한 요깃감을 담아내는 알뜰한 그릇이었는지도 모른다. 얇고, 간단하고, 또 값싼 재료였기 때문에…….

함석지붕을 이을 때 보면, 우선 넓은 지붕면에 골함석판을 여러 장 겹쳐서 덮게 된다. 거기에 용마루나 처마 끝에는 갖은 장식도 빠뜨리지 않았다. 새[鳥]나 공작孔雀을 오려서 붙이기도 하고, 바람개비나 별[星] 모양의 장식을 덧붙여 놓기도 하였다. 예전의 초가지붕이나 기와지붕의 이미지와는 달리, 얇은 함석지붕이 주는 '가벼움'을 어떻게든 바꿔보려 했던 모양이다.

그런데 워낙 얇은 함석을 지붕재료로 사용하였던 까닭에, 단열은 아예 기대조차 할 수 없었다. 더구나 불볕더위가 기승을 부리는 한 여름철에는, 지붕이 달궈져서 집안이 찜통 속처럼 변하기도 하였다. 금방 달아올랐다가 쉽게 식어버리는, 말 그대로 '냄비'의 속성을 그대로 드러냈던 것이다.

그런저런 이유로 함석은 지붕재료로서 오래 사용되지 못한 채 점차 자취를 감추고 말았지만, 가끔 지붕 일부분에 앙증맞게 얹혀 있는 동판이나 함석판에서, 쏟아지는 빗줄기에 맞춰 "통통" 울려 퍼지던 옛날 그 함석지붕의 공명음共鳴音을 저절로 떠올리게 된다.

하늘과 건축과의 교감, 거기에 우리 청각과의 또 다른 감응, 그렇게 말하면 너무 거창해지는가? 겨우 지붕 하나의 음률에…….

고드름

처마 끝에 매달려 있는 고드름은 언제 봐도 정겹다. 굳이 손을 "호호" 불어가며 따내서 살펴보지 않더라도, 어쩌면 매달려 있는 그 길이만큼, 어린 시절의 아련한 향수가 투명하게 빛나고 있는 것 같다.

어쨌든 고드름은 지붕에 쌓여 있던 눈이 녹으면서 처마 끝으로 떨어질 때, 그 끝에서 다시 동결凍結하여 생기는 자연현상으로서, 경사지붕이 있는 집에서 흔히 볼 수 있었다. 그래서 그 지붕면이 길수록 고드름 길이는 길어지게 된다. 고드름이 길게 뻗어 있는 모양을 빗대서 빙주氷柱라고까지 했다. 그것도 이른바 '기둥'이라는 것이다.

일반적으로 기온이 빙점氷點 이하일 경우, 지붕 끝에서 떨어지는 물은 그 지붕 끝에서부터 동결하기 시작하다가 차차 아래쪽을 향해서 뻗어나가게 되고, 그게 결국 끝이 뾰족한 막대기 모양이 된다.

고드름은 지붕면의 경사나 낙하각도에 따라서 그 크기도 다양한데, 보통 우리가 볼 수 있는 고드름은 그 길이가 1센티미터 이하의 작은 것도 있지만, 바위에서 떨어지는 물의 낙하길이가 길 경우, 상상을 초월하는 것도 많았다. 굵기가 무려 1미터 이상 되는 것도 있으며, 그 고드름이 몇 개씩 마치 굴비처럼 엮여서 달려 있었던 것이다.

그러한 고드름에도 우리들의 아련한 사랑이 담겨 있었다. 어렸을 때 누구나 한번쯤 불러봤음직한, 각시방 영창影窓에 달려 있는 '고드름'을 보면 더욱더 그렇게 느껴진다.

    고드름, 고드름, 수정 고드름
    고드름 따다가 발을 엮어서
    각시방 영창에 달아 놓아요.

    각시님, 각시님, 안녕하세요?
    낮에는 해님이 문안 오시고
    밤에는 달님이 놀러 오시죠.

    고드름, 고드름, 녹질 말아요.
    각시님 방안에 바람 들면은
    손 시려 발 시려 감기 드실라.

아마 각시님을 사랑하는 마음과는 달리, 별로 해줄 것이 없었나보다. 그래서 예전에는 지붕마다 그 흔하디흔한 고드름이라도 골라서, 마치 수정水晶같이 맑고 투명한 고드름으로 발을 엮어, 고운 각시방의 창가에 달아놓겠다는 것이다. 그 어떤 세레나데(serenade)보다도 지극하다.

그런데 고드름은 빙점氷點 이하에서 만들어진 이른바 '얼음'이었기 때문에, 해가 뜨면 몸이 녹지 않을 수 없게 된다. 안타깝다. 그렇다고 해나 달이 뜨지 않는 것은 아니지 않던가? 그래서 다시 녹지 말라고 간곡하게 덧붙인다. 각시님에 대한 애틋한 연민과 사랑이 절로 묻어 나온다.

처마 끝에 줄줄이 매달려 있는 고드름

　옛날 틈이 많던 집, 단열조차 모르던 집, 그러한 집에서는 겨울나기가 거의 다 그렇게 춥고 어려웠다. 그렇지만 서로 간에 사랑은 지금보다 훨씬 더 각별했던 것 같다. 지금 생각해보면, 그게 각시님에 대한 노랫말의 사랑처럼, 참으로 따뜻했고 지극했다.

　물론 지금은 다들 집에 고드름이 열리지 않는다. 대부분 지붕을 걷어내고 평평한 옥상을 만들어놓았기 때문이다. 아니, 설사 경사지붕을 만들었다고 하더라도 예전처럼 그걸 그냥 그대로 놔두지 못하고, 모두 다 처마에 홈통을 달아낸다. 빗물이나 눈이 녹은 물이야 고스란히 홈통을 따라 내려오게 되지만, 고드름은 처음부터 열릴 기회를 아예 원천봉쇄 당하고 말았다. 그에 따라 우리 사랑 표현까지 그만큼 제한을 당하게 된 것이다.

　다소곳한 지붕 밑에서, 다시 한 번 그 고드름을 우러러보고 싶다. 이미 우리 곁에서, 저 멀리 떠나버린 그 옛날 사랑을 생각하면서…….

마루와 토방

 마루

외출했다가 집으로 돌아오면, 우선 댓돌에 신발부터 벗어놓고 마루로 올라서게 된다. 그럴 땐 마루가 요즘 현관이 되는 셈이다. 그런데 마루에서 다시 또 이 방 저 방으로 동선動線이 나뉘는 것을 보면, 어느새 마루는 복도를 대신하고 있다.

햇볕이 따스한 봄날, 마루에 걸터앉아 오순도순 얘기하는 단란한 풍경을 보면 얼핏 거실(living room) 같기도 하고, 어떤 땐 테라스(terrace) 같기도 하다. 또 겨울철에 그냥 텅 비어 있는 썰렁한 대청마루는 영락없이 창고다. 그렇게 마루는 참 알 수 없는 존재였다.

그래도 그때는 잘 몰랐다. 골목길 담 너머로 "함께 놀자~"고 외쳐대는 동무들 소리가 들리자마자 부리나케 밖으로 뛰어나가면서 쿵쾅거리는 것도 마루였고, 여름 한낮에 땀을 뻘뻘 흘리며 지쳐서 돌아오는 식구

정갈하게 닦아놓은 마루

들을 제일 먼저 맞아들이는 것도 마루였으며, 농약통을 메고 논고랑을 헤매다가 오포午砲[14] 소리를 듣고서야 겨우 집에 들어오신 아버지가 몸을 맡긴 채, 잠시 눈을 붙이던 것도 다름 아닌 마루였다.

그런데 그러한 마루에 '높다'는 의미가 숨어 있다고 하면……, 믿을 수 있을까? 높으니, 존엄하고 신성하다고 여겼다. 그래서 그랬던지 옛날 신라의 임금을 한때 마립간麻立干이라고 했다고 한다. 그때만 해도 정치와 더불어 제사는 아주 중요한 행사였는데, 그 제정祭政을 모두 마루에서 주관했기 때문에 그렇게 불렀다는 것이다.

그래서 마립간에는 '머리'나 '마루'라는 의미가 함께 깃들게 되었는데, 단군왕검의 전설이 서린 강화도 마니산도 원래 '머리頭산'에서 유래되었다고 하니, 곱씹어볼수록 의미심장한 말이 아닐 수 없다.

---

14 칠십 년대 초반까지만 해도 정오正午가 되면, 읍내에 설치된 높다란 망루에서 요란한 사이렌 소리가 울려 퍼졌다. 처음에는 포砲를 쏘아 정오의 신호로 삼았기 때문에 오포午砲라고 하게 되었으나, 나중에 그게 사이렌으로 바뀌었는데도 계속 "오포 분다"는 말로 통용되었다.

고려시대나 조선시대에 들어와서도, 그 의미는 좀처럼 퇴색하지 않는다. 당시 가장 지엄한 존재인 왕의 묘호廟號에 대부분 '종宗'이라는 호칭이 붙어 있는 것만 봐도, 그걸 알 수 있다. 태종, 세종, 성종, 중종 등이 그 예인데, 이게 모두 다 '마루 종宗'이라고 하는 글자로 구성되어 있다. 왕의 존칭이 마루와 연결되어 있는 셈이다.

일반 민가에서도 신주神主를 모시는 제청祭廳을 대청에 차리고, 또 제사를 그 대청마루에서 지내며, 신주단지나 뒤주를 대청마루에 놓았던 이유도, 그러한 어원과 무관하지 않다고 한다.

이렇듯 마루는 '높은 존재'를 상징했던 탓에, 건축물에서도 그 특성상 가장 높은 부위에 설치되는 부재를 용마루라고 불렀다. 그것도 그냥 마루가 아니라, 왕을 상징하는 '용龍'15)까지 덧붙여서 용마루라고 했던 것이다. 또 마룻대공이나 종보[宗樑]는, 다른 대공이나 보[樑]보다도 더 위에 설치되는 부재를 말한다.

그래서 그랬던지 옛날에도 사람이 죽으면, 그 지붕 용마루로 올라가서 고인의 흰 적삼을 허공에 흔들어대며 초혼招魂을 하는 절차가 따로 있었다.

어쨌든 마루가 '높은 존재'라는 사실이 다소 거슬렸던지, 아예 용마루 자체를 없애려고 한 흔적도 찾아볼 수 있다. 경복궁에 가보면 강령전康寧殿이나 교태전交泰殿이 있는데, 그 기와지붕에는 이상하게도 따로 용마루가 설치되어 있지 않다. 가장 지엄한 왕과 왕비의 거처인데, 그 위에 "감히 용마루를 얹어놓다니?"

---

15 임금이 앉는 자리는 용상龍床이라고 하고, 또 임금의 얼굴은 용안龍顔이라고 한다.

그 드높던(?) 존재를 우리는 그동안 저 밑으로 끌어내려놓고, 아무 생각 없이 함부로 쿵쾅거리며 짓밟고 다녔다. 아니, 언제부턴가 그마저도 거추장스러웠던지, 이제는 아예 마루 자체를 하나둘 폐기처분해나가고 있다. 졸지에 마루가 멸종위기에 내몰린 것이다.

때로는 거기에 누워 무심히 별을 헤다가, 어느새 할머니 무릎을 베게 삼아 스르르 잠이 들기도 하고, 때로는 식구들끼리 옹기종기 모여앉아 송편도 빚고, 밀가루 반죽도 흉내 내보던, 옛날 그 살뜰했던 마루가……

마룻바닥, 그 아래

예전의 학교 교실바닥은 거의 다 마룻장으로 되어 있었다. 그래서 까닥 잘못했다간 삐죽이 튀어나온 나무가시가 발바닥으로 파고들어 생고생을 하기도 했고, 조금만 바삐 걸어 다녀도 "쿵쾅"거리는 발소리로 들렸는지, 옆반 담임선생님에게 걸려 혼쭐이 난 것도 한두 번이 아니었다. 별 수 없이 발뒤꿈치를 들고 조심조심 걸어 다니는 걸음마부터 다시 배워야 했다.

청소시간 풍경도 사뭇 달랐다. 지금처럼 그냥 바닥에 물을 뿌리고 물걸레로 쭉쭉 밀어내는 것이 아니라, 청소시간마다 다들 복도에 빙 둘러앉아서, 양초를 칠하고 걸레로 열심히 바닥을 닦아야만 했다. 나중엔 정말 반짝반짝 윤潤이 났다. 미끄러져 엉덩방아를 찔 정도로 반질반질해졌다. 아니, 일부러 출입구 근처는 더 문질러놓았다. 다들 짓궂은 상상을 하면서……

그러던 어느 날, 예기치 못한 일이 벌어졌다. 학급열쇠 하나가 교실바닥 틈새로 빠져버린 것이다. 다들 어찌할 줄을 몰랐다. 그저 발만 동동 굴렀다. 별 수 없이, 내가 교실바닥 밑으로 기어들어가겠노라고 자청하고 나섰다. 교실 마룻장의 통풍을 위해서, 외벽 하부에 뚫어놓은 환기구가 생각났던 것이다.

입구는 정말 좁디좁았다. 먼저 머리를 들이밀고, 한쪽 어깨부터 옆으로 틀어서 겨우 집어넣었다. 컴컴했다. 더럭 겁이 났다. 그래도 게서 말 수는 없었다. 무릎과 등뼈를 입구에 긁혀가며, 간신히 엉덩이까지 들여놓았다.

그런데 교실바닥 아래는 완전히 딴판이었다. 또 하나의 세상이 어둠 속에서 점점 실체를 드러내기 시작하였다. 벽돌 부스러기, 시멘트 덩어리, 과자봉지, 그리고 못 박힌 나무토막 등이 잔뜩 먼지를 뒤집어 쓴 채, 여기저기 널브러져 있었던 것이다.

위에서 동무들이 발로 이리저리 굴러가며 일러주는 목적지는 일단 가늠했지만, 거기까지 더 기어가자니 심란했다. 숨을 들이쉴 때마다 뿌연 먼지가 한 주먹씩 콧구멍으로 따라 들어오는 것 같았다. 각종 장애물을 피해서, 낮은 포복匍匐으로 전진하던 동작을 일단 멈추고, 자욱해진 먼지가 일단 가라앉기를 기다렸다.

그러자 이번에는 또 다른 사물들이 시야에 들어오기 시작하였다. 구부러진 낡은 숟가락, 뽀얗게 먼지를 뒤집어쓴 몽당연필, 인형에게서 떨어져 나온 듯한 한쪽 팔, 얼마 전까지 함께 치고 놀던 싱싱한 딱지 몇 장, 또 마치 내 손이 닿기를 기다리고 있는 것 같은 갖가지 동전들, 게다가 어느 한때 누군가가 마음 조이며 썼음직한 구겨진 쪽지 한 장…….

이제 열쇠의 행방은 더 이상 중요한 것이 아니었다. 위에서 발을 구르며 아우성치던 동무들의 성화도 잠시 그쳤나보다. 잠시 조용해졌다. 덩달아 낮은 포복으로 기어가던 동작을 멈추니, 먼지도 경계를 늦췄는지 절로 가라앉았다.

'아, 날 경계하고 있었구나!'

이들에겐 내가 또 다른 이방인異邦人이었던 것이다. 어쨌든 교실 마룻바닥 밑은 어두침침하고 답답했지만, 미처 경험하지 못한 새로운 세계였다.

몸을 겨우 돌려 다시 그 환기구멍까지 다다랐을 때……. 그때 밖은, 비집고 들어오던 방금 전과는 또 다른 세상으로 눈앞에 다가섰다. 먼지 한 점 없이 뽀얀, 그리고 찬란한 햇살이 눈부시게 쏟아지는…….

 토방

마루에서 내려서면 곧장 토방이다. 토방은 마루 하부를 평평하게 잘 다져놓은 일종의 뜰로서, 지역에 따라서는 '뜰팡' 이라고도 불렀다. 궁궐이나 사찰의 토방이야 전塼벽돌이나 화강석판으로 가지런히 잘 깔아놓은 것이 대부분이었지만, 옛날 민가民家의 토방은 그렇지 못했다. 대충 생긴 막돌로 토방 둘레를 빙 두르고, 그 바닥 윗면은 흙으로 평평하게 잘 다져놓은 것이 전부였다.

마루야 신발을 벗고 올라서게 되므로 실내공간에 더 가까웠지만, 토방은 처음부터 신분이 달랐다. 제 몸뚱이만 처마 끝 안쪽에 뉘어져 있을

마당과 마루의 점이지대, 토방

뿐, 비가 흩뿌리는 날에는 가랑비마저 피할 수 없었다. 아예 마당처럼 고스란히 눈비를 맞는 날이 허다했다. 또 대부분 토방바닥이 흙으로 되어 있고, 그래서 어쩔 수 없이 신발을 신고 다녀야 했으므로, 사실상 마루보다는 마당과 이웃사촌이었다.

그러다보니 마을 애들은 정갈하게 닦아놓은 마루보다는 오히려 토방을 더 좋아했다. 마당이나 장독대에서 주워 올린 흙이나 조약돌을 토방에 곧잘 올려놓고, 나뭇가지와 꽃잎까지 정성스럽게 찧고 빻아가며 소꿉놀이를 하다가, 그것마저 시들해지면 으레 흙장난으로 돌변하곤 하였다.

아니, 흙장난으로만 그치는 것도 아니었다. 수공水攻이 뒤따랐다. 순식간이다. 고무신이나 바가지에 몰래 퍼 담은 물로, 때 아닌 홍수난리가 난다. 한동안 서로 열띤 공방이 오갔다. 흙탕물이 튀고, 흙 범벅이 된다. 그제야 토방에서 내려왔다.

그것뿐만이 아니었다. 방안에서만 누워 지내던 갓난아기가 드디어 미루로 나오게 된다. 그때, 첫 장애물이 다름 아닌 토방이었다. 문밖으로 기어 나올 때야 그저 문턱 하나만 넘으면 간단했지만, 마루 끝에서 내려다보는 토방은 그게 아니었다. 아마, 까마득했을 것이다. 저 밑으로 한없이…….

그래도 아랑곳하지 않고 멍하니 내려보다가, 그만 토방바닥으로 나뒹굴어지고 만다. 금세 자지러진다. 울음소리에 놀란 제 언니가, 어디선가 황급히 뛰어나와 재빨리 애를 들쳐 업고 둥둥거려 보지만, 한 번 터진 울음소리는 쉽게 그치질 않았다.

게다가 토방은 가끔 허드레 창고로도 쓰였다. 어느 집이나 으레 잘 보이지 않는 뒤꼍 토방에는, 멍석이나 농기구 등이 여기저기 수북이 쌓여 있었고, 또 추수가 끝난 농작물을 가득 담아놓은 가마니를 비가 맞지 않도록 겹겹이 포개서 쌓아두었던 것도 다름 아닌 토방바닥이었다.

외출했다가 돌아올 때, 여기저기에서 묻혀온 온갖 먼지를 털고 마루로 올라설 수 있도록 기꺼이 디딤돌이 되어 주기도 하고, 때로는 벗어놓은 신발을 가지런히 받아두는 역할도 마다하지 않았으며, 또 때로는 처마에서 사납게 들이치는 빗물마저 제 온몸으로 먼저 받아들였다가 때가 되면 저 광활한 우주공간 속으로 뿜어내주던 토방, 지금도 불쑥불쑥 그 토방 흙바닥을 다시 밟고 싶어진다. 어떤 땐 꿈속에서 잠깐만이라도…….

마당

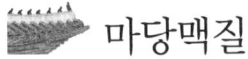 마당맥질

지금은 마당에 나무를 심거나 연못을 만들어서, 이른바 '경관용景觀用' 부속공간으로 활용하고 있지만, 옛날에는 그렇게 하지 않았다. 후원後園은 가꾸었을지언정, 앞마당은 덩그렇게 텅 비어두었다. 아니, 잔디조차 심지 않았다.

물론, 멋을 몰라서 그랬던 것이 아니다. 거기에는 그럴만한 이유가 따로 있었다.

우선 기둥 밖으로 한참 돌출된 지붕처마 때문이다. 태양이 작열灼熱하는 한여름에야 길게 드리운 그림자로 인해서 시원했지만, 한낮이 지나고 나면 그 지붕이 빛마저 가리게 된다. 당연히 실내가 더 일찍 어두워지게 된다. 그래서 마당모래에 반사된 빛이라도 실내로 투사投射될 수 있도록 비워두었던 것이다.

또 그게 아니더라도, 농가에서는 마땅히 쓸 만한 작업공간이 따로 없었다. 자연스럽게 마당에서 타작打作도 하고 도리깨질도 하게 되었는데, 그때마다 마당은 참으로 요긴하고 알뜰한 공간이었다.

그래서 해마다 가을 추수 무렵이 다가오면, 여름 장마 때 이리 패이고 저리 쓸린 마당바닥부터 손질하는 게 가을걷이의 순서였다. 일단 뒷산 한 귀퉁이에서 파온 황토를 마당에 서너 짐 퍼붓고 난 다음, 마당구석구석까지 정성껏 맥질을 해두어야 했다. 그러면 그동안 칙칙하게만 보였던 마당이 별안간 누런 황금색으로 변하게 된다. 마치 바람에 한들거리는 가을들판을 그대로 옮겨놓은 것 같았다.

놀이터

그렇게 마당에 산뜻하게 맥질을 해놓으면, 마당은 금방 딴 세상처럼 변했다. 추석날 아침, 막 새 옷을 차려입고 나선 기분이었다. 어울려 놀기도 훨씬 더 좋아졌다.

다음날 학교가 끝나고 돌아오는 길에 마당 자랑을 늘어놓았다. 책보를 마당에 던져놓자마자, 마을 애들이 하나둘씩 대문에서 기웃거리다 슬금슬금 마당으로 모여들었다. 다들 눈이 휘둥그레졌다. 괜히 어깨가 으쓱해졌다. 무슨 놀이부터 시작할까? 비석치기? 아니, 딱지치기?

"이따가 저녁 때, 소 풀 좀 뜯기다 들어와야 한다. 송아지 젖을 먹이려면 에미가 잘 먹어야 돼."

"예~, 알았어요."

지게를 걸머지고 대문을 나서는 아버지 당부를 난 그저 건성으로 대꾸했다. 그리곤 이내 혼자 중얼거렸다.

"에이, 아직 한낮인데, 뭘……."

역시 새로 리모델링한 (?) 마당은 놀이터로서도 최고였다. 고무신을 벗

여물을 먹기 시작한 송아지

고 그냥 맨발로 놀아도 편했다. 가을바람에 흙냄새가 물씬 풍겨왔다. 몸을 움직일 때마다 살짝살짝 찍히는 발자국도 신기했다. 일부러 발바닥에 힘을 주어 마당에 제 발모양을 새겨놓곤 서로 비교하며 깔깔거렸다.

'못치기'를 하면서 못으로 그려나가는 선線의 궤적도 선명했고, '자치기'를 할 때 날아간 새끼 자[尺]가 마당에 떨어진 흔적도 깨끗하게 금방 드러났다. 또 '구슬치기' 할 때 손에 묻어나는 흙의 감촉마저 제법 부드러워졌다. 아니, '사방치기' 하면서 그동안 불분명한 선 때문에 한참 열중하던 동작까지 잠깐 중단하고, 그렇게 목청을 높이며 서로 따질 필요도 없어지게 되었다.

그런데 애써 맥질한 마당에, 이리저리 선을 그려놓고, 게다가 '비석치기'까지 한답시고 온갖 돌멩이를 갖다놓았으니……! 놀이에 정신이 팔렸다가도 가끔씩 불안해졌다. 해가 뉘엿뉘엿해지자, 마음 한 구석에서는 점점 더 걱정이 커지기 시작하였다.

널따란 마당

"소 풀은 뜯겨야 하는데……."
"그럼, 쟤들은 또 어쩌고……."

자꾸 미루다가, 어느새 눈길은 저 담 너머 골목길로 쏠렸다. 그러다가 송아지가 제 어미보다도 먼저 함석대문을 건드리며 바삐 뛰어 들어오는 기척이 나면, 그때는 정말 어쩔 수 없었다. 이것저것 따질 것 없이 삼십육계 줄행랑을 쳐야만 했다. 염치가 없었다. 앞산만큼 커다란 소꼴을 지게에 진 채, 소고삐를 틀어쥔 아버지의 구부정한 모습이, 그 뒤로 곧장 등장하기 때문이다.

냅다 뛰었다. 함께 놀던 애들도 덩달아 뛰었다. 내 속마음을 눈치라도 챈 것처럼…….

 일터

어쨌든 누렇게 맥질한 마당에서 벼 타작打作이 끝나고 나면, 가을은 점점 더 깊어진다. 그러면 이제 그동안 잠시 접어둔 밭일이 다시 이어진다. 저 건너 밭에서 베어온 콩 다발과 팥 다발을 마당 한쪽에 차례로 죽 깔아 놓고, 도리깨질을 시작한다.

물론 그냥 놔두어도 익어서 저절로 터지는 놈들도 많았지만, 도리깨로 후려쳐야 덜 익은 깍지까지 쫙쫙 벌어지면서, 그 사이로 새끼 손톱만한 콩과 팥들이 줄줄이 쏟아져 나오게 된다. 물론 더러는 발에 밟히거나 무자비하게 후려치는 도리깨질을 피해서 땅에 박히는 놈들도 있었지만, 별 수 없었다. 나중에 일일이 후벼 파서 한 알씩 꺼내놓고 쓸어 담는 수밖에 별 다른 도리가 없었던 것이다.

그런데 그것도 잠시, 종종걸음을 치다가 결국 일도 다 마치지 못했는데, 짙게 어둠이 깔리기 시작하였다. 재빨리 마루에 올라가서 기둥에 매달려 있던 백열등을 켰다.

그 순간……!

그 자욱한 먼지 속에서 수건을 머리에 질끈 동여맨 채, 악전고투하던 어머니의 모습이 눈에 "확" 들어왔다. 무척 고단한 모습이었다. 저번에 책에서 본, 밀레의 〈만종晩鐘〉하고는 사뭇 딴판이었다.

아래위로 키를 높이 까부르자, 그 안에 있던 콩알 팥알이 덩달아 춤을 추다가, 쭉정이는 쭉정이대로 낟알은 낟알대로 분리되기 시작하였다. 슬그머니 마당으로 내려왔지만, 이제 나도 더 이상 우두커니 서있을 수만은 없었다. 어머니의 그 키질에 맞춰 키 큰 바람개비를 열심히 돌려댔다. 쭉정이를 하나라도 더, 저 멀리 날려 보낼 요량으로…….

그렇지만, 그것도 일이라고 팔이 점점 아파오기 시작하였다. 얼른 왼손으로 바꿔보았지만, 조금 지나니 역시 마찬가지였다. 그래도 여기에서

집안의 작은 방앗간, 절구통

멈출 수는 없었다. 낮에 저질러놓은 일이 자꾸 생각났기 때문이다.

마당에 어지럽게 늘어놓은 그 돌멩이들은 언제 다 치웠는지? 구슬치기 한다고 여기저기 파놓은 마당바닥은 언제 다 메웠을까? 에이, 진작 소[牛]라도 꼬부랑재 풀밭으로 몰고 나가서, 풀이나 뜯겨 먹이다가 어둑어둑해지면 그때 들어올 걸……!

 확독

그런데 그것으로 끝이 아니었다. 먼지투성이 옷을 털자마자, 어머니는 다시 또 저녁식사 준비를 해야만 했다. 벽 한쪽에 기대어 두었던 칼도마를 마루에 내다놓자, 그 위에서 밀가루 반죽을 이리저리 이갠 뒤, 얇게 한 켜씩 썰어나갔다. 마치 찍어낸 것 같았다. 내 딴엔 그것도 신기했다. 미안한 마음에 따라해보았지만, 마음대로 되지 않았다. 겨우 그 썰린 칼

국수 재료를 아궁이로 들고 나가, 양은솥에 부어 넣는 일 정도가 고작이었다. 그때 나로서는······.

그래서 이번에는 먼저 일을 자청하고 나섰다. '확독'에다 마늘 한 소쿠리를 갈아오기로 한 것이다. 미심쩍은 눈길을 뒤로 한 채, 어두컴컴했지만 마당 한쪽 모퉁이에 있던 확독을 찾아갔다. 그런데 그것마저 쉬운 일이 아니었다. 이럴 바에는 차라리 절구통에 넣고 빻는 것이, 더 손쉬울 것이라는 생각이 들었다.

재빨리 마당을 가로질러 행랑채 근처 절구통으로 찾아갔다. 서둘러 몇 번 절구를 내려쳐보니, 그것도 만만치 않았다. 머릿속이 복잡해졌다. 그래도 절구질을 멈출 수는 없었다. 그런데 갑자기 절구대가 등 뒤에서 붕 뜨는 것 같이 가벼워졌다. 뒤를 돌아보니 할머니가 서 계셨다.

"에이, 난 또······?"

"저리 가거라."

그래도 체면을 구길 수는 없는 노릇이었다.

"아니, 이건 내가 할 수 있어. 아까 엄마하고 약속도 했고······!"

빛나는 조연들

제가 있음으로 해서, 주인공이 더 빛나는 배우가 있다. 이를테면 주연 主演급 조연助演인 셈이다. 우리네 주거공간에도 그러한 조연들이 곳곳에 배치되어 있다. 이번에는 그들 곁으로 다가가 보자.

 헛간

옛날에는 보통 칸의 숫자로 집의 크기를 구분해놓았다. 물론 풍족하게 사는 집에서는, 넘치는 칸을 다시 채[棟]로 분화시켜놓기도 했다. 이른바 안채, 사랑채, 행랑채, 별채 그리고 헛간 등으로 나눠놓았던 것이다.

안채나 사랑채는 집안의 중심공간으로서, 안주인과 바깥주인이 각각 기거하는 일상생활공간이었고, 행랑채는 그 집안 머슴들에게 제공되는 일종의 실내 일터 겸 쉼터였다. 거기에 비해서 보통 별채나 헛간은 때때로 손님이 묵는 공간으로 제공되거나, 아니면 허드레 물건을 쌓아두는 창고로 요긴하게 활용되곤 하였다.

물론 그것만으로도 부족했다. 그래서 대부분의 농가農家에서는 비록 허름하나마 농기구를 걸어두는 헛간을 한두 채 더 지어야 했고, 또 소나 돼지를 기르는 축사나 닭장도 따로 마련해두어야 했다.

어디 그뿐이랴. 집주인이 행세깨나 하는 집안에서는 따로 마구간까지 더 챙겨두었다. 자연적으로 한 울타리 안에서 여러 채가 군락群落을 이루게 되고, 그것이 이웃집들과 합치고 더해지면서 오순도순 모여 사는, 우리 시골마을 특유의 정취를 연출해낼 수 있었던 것이다.

어쨌든 그 덕분에 옛날 살림집에서는 수납受納공간이 별로 부족한 줄 모르고 살아왔다. 게다가 때때로 마루 밑이나 처마 밑 토방까지 알뜰살뜰한 수납공간으로 활용되곤 하였는데, 아궁이 근처 마루 밑에는 마른 장작을 줄지어 쌓아둘 수 있었고, 또 자주 사용하지 않는 신발까지 넣어둘 수도 있었다.

그렇게 옛날 우리 살림집에는 헛간이나 부속공간이 여기저기 유기적으로 배치되어 있었다. 그래서 꼭 무엇에 쓰려고 미리 마련해둔 것은 아니지만, 여러 가지 허드레 물건을 차곡차곡 쌓아둘 수 있었던 것이다.

헛간은, 또 때로 쌀가마를 저장해두는 곳간庫間으로 활용되곤 하였는데, 그 크기가 조금 작은 경우에는 '광'이라고 불렀다. 광은 다시 김칫독을 놓아두는 '김치광'이나, 간장·된장·고추장을 독에 담아서 보관해두는 '장광', 그리고 또 쌀을 조금 담은 항아리를 놓아두는 '쌀광' 등으로 구분된다.

광이라고 하기에 조금 민망한 수납공간은 다시 '뒤주'라고 불렀다. 뒤

살림집의 보물창고, 헛간

주는 보통 회화槐花나무 통판通版으로서 듬직하게 궤짝처럼 짜고, 그 뚜껑은 위로 제쳐서 열 수 있게 만들어놓았는데, 거기에 달린 무쇠장식이나 놋쇠장식도 상당한 수준의 소품거리들이 많았다.

그런데 광이나 헛간이 그저 단순한 창고로만 그치는 것은 아니었다. 겨우내 쇠죽 끓일 여물을 쌓아놓으면 소[牛]의 식량공급처가 되고, 산란産卵을 앞둔 암탉에게는 아늑한 산실産室이 되었다.

또 가끔 숨바꼭질하던 애들이 술래를 급히 따돌리는데 아주 긴요한 은신처가 되었을 뿐만 아니라, 혹시 운運이라도 좋은 날에는, 여물 속에 파묻힌 달걀을 혼자 몰래 차지할 수도 있었다.

그러면 그걸 그냥 놓아둘 수가 없었다. 따끈따끈한 달걀을 한 손에 움켜쥐고, 뾰족한 밑 부분을 앞니에 대고 "톡톡" 두드리면 달걀껍질이 살짝 깨졌다. 그 깨진 부분의 껍질을 조심스레 떼어내고 입술을 들이댄 채, 한꺼번에 "쭉~" 빨아내면, 조금 전까지 잉태를 기다렸던 한 생명이, 순식간에 내 입안으로 송두리째 빨려 들어왔다. 물론, 암탉에겐 그지없이 미안한 일이긴 했지만……

지금은 번듯하게 잘 짜인 현대건축 덕분에 그러한 헛간도 사라졌고, 또 곳간이나 뒤주마저도 필요 없는 세상이 되었지만, 그래도 가끔씩 옛날 그 허접해보이던 헛간이 눈앞에 삼삼히 다가오곤 하는 것은, 어쩔 수 없을 것 같다.

외양간

헛간 옆에는 종종 외양간이 자리 잡고 있었다. 소 한두 마리가 제 방바닥을 오줌과 똥으로 온통 뒤범벅칠을 해놓고, 마치 미안하기라도 한 듯 그 큰 눈만 "끔뻑"거리고 있으면, 주인도 어쩔 수 없었던지 뽀송뽀송한 이부자리랍시고, 그 바닥에 지푸라기나 여물을 흩뿌려 깔아주게 된다. 그때 깔아주는 여물이 대개 헛간에 쌓여 있었다.

또 지금은 대부분 사료를 먹여서 소나 돼지를 키우고 있지만, 옛날에는 소에게도 쇠죽을 끓여먹였고, 돼지에게도 뜨끈뜨끈한 국밥을 따로 내주었다. 돼지야 사람이 먹다 남은 음식 찌꺼기를 모았다가 끼니때 한꺼번에 퍼다 주면 그만이지만, 소에 대한 대접은 사뭇 달랐다. 아마 돼지와 식성이 다른 탓도 있었겠지만, 농가農家에서 소가 차지하는 비중이 각별했기 때문이었으리라.

지금처럼 기계화가 되지 않았던 육칠십 년대, 우리 농촌에서 농사를 짓는데 소의 역할은 거의 절대적이었다. 그래서 소는 단순한 가축家畜이라는 인식을 넘어서 하나의 집안 일꾼으로 자리 잡았으며, 가장 중요한 재산목록으로 서슴없이 꼽히곤 하였다.

여물을 먹고 있는 소

 그 덕에 소는 '외양간'이라고 하는 제 방이 따로 있었으며, 아침저녁으로는 주인에게서 '쇠죽'을 극진하게 진상 받는(?) 행복한 시절이 있었다. 쇠죽을 담는 그릇을 보통 '구시'[16]라고 했는데, 소의 덩치가 큰 만큼 그 크기도 거창했다.
 쇠죽은 보통 추수가 끝난 뒤 나온 볏짚을 작두로 잘게 썰어서 물과 함께 쇠죽솥에 버무려 넣고, 푹푹 끓이게 된다. 어느 정도 물이 끓으면 김이 모락모락 나게 되는데, 이때 왕겨를 한 바가지 집어넣고, 여물이 골고루 잘 익도록 적당히 뒤적거려 두어야 한다.
 물론 그러고 나서도 또 한참동안 '뜸'을 더 들이기 위해서, 아궁이 불을 느긋이 지펴가며 한참을 기다려야만 했다. 마치 밥을 짓는 것과 흡사한 과정이었다. 다르다면 풀이 무성한 봄여름엔 꼴을 베어서 먹였고, 가을겨울엔 여물을 끓여 먹였는데, 그게 달랐다.
 외양간도 마찬가지다. 비록 코뚜레에 고삐가 매어 있는 신세이긴 했지

---

16 '구유'의 옛말.

만, 소에게는 버젓한 제 방이 따로 있었다. '구시'가 놓인 식당이 있었고, 잠을 자는 공간도 구분되어 있었다. 속칭 '원룸'이었던 셈이다. 그렇게 소는 사람과 비슷한 대접을 받았다.

그래서 농가주택에서는 아무리 작은 집이라도, 사람이 사는 본채 외에 부속채가 따로 붙어 있어야만 했다. 농기구를 보관하는 허드레공간이 있는가 하면, 한쪽 편에는 측간이 배치되어 있었고, 또 다른 쪽으로는 그렇게 외양간이 다소곳하게 자리 잡고 있었다. 그게 옛날 우리 농촌의 일반적인 풍경이었다.

지금처럼 위아랫집하고도 외면하고 사는 세태하고는 분명히 다르다. 일개 가축家畜까지도 우리 일꾼으로 알고, 그에게도 아침저녁으로 쇠죽을 끓여 먹이며, 사랑을 나눠주던 공간……. 그게 옛날 우리네 살림집이 가슴에 품고 있던, 이런저런 사랑의 증거라고 할 수 있겠다.

물론 생활구조가 바뀐 탓이라고 항변할지도 모른다. 그러나 단지 그것만은 아닐 것이다. 우리 주거공간은 사랑을 담아내며 절로 따뜻해지던, 옛날 그 소중한 기억 하나를 잃어버린 것 같다. 지금 이렇게 하잘 것 없어 보이는, 외양간이나 쇠죽에 대한 추억을 되밟아보니, 더욱더 그래 보인다.

다락

집을 짓다보면 가끔 자투리 공간이 생기게 마련이다. 방과 방이 맞닿는 평면에 자그마한 틈이 남기도 하지만, 때로는 경사지붕 탓에 지붕 아랫면과 천정 윗면 사이가 덩그렇게 비어 있기도 하였다. 그럴 땐 누구라

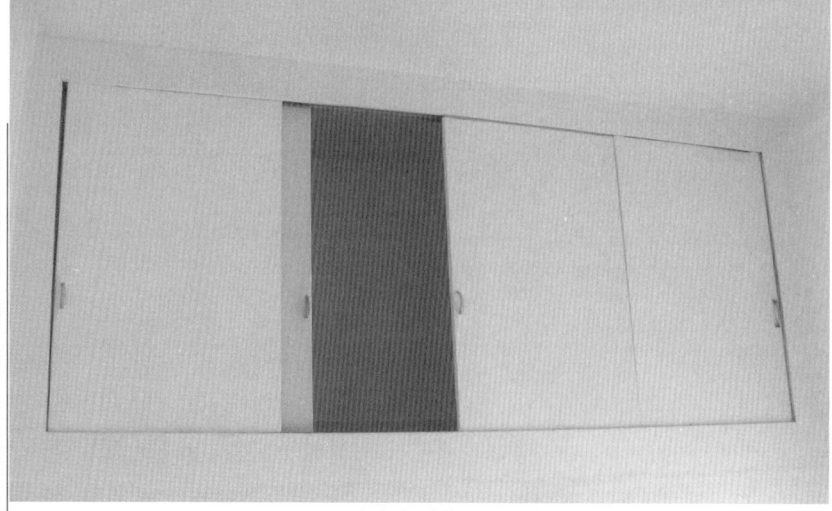

또 하나의 작은 공간, 벽장

도 그 공간을 활용하고 싶어진다. 그래서 거기에 아담한 창고를 만들기도 하고, 높다란 다락을 들이기도 한다.

다락은, 처음에는 대부분 그렇게 만들어진다. 애초부터 의중에 꼭 두고 있었던 것이 아니라, 그저 남는 공간을 꾸민 것이다. 일종의 보너스인 셈이다.

그런데 어둡고, 낮고, 또 작기 때문이었을까? 마치 동굴 속처럼 아늑하게 다가왔다. 혹시 몸을 웅크린 채, 깜박 잠이라도 들었다가 깨는 날에는, 아주 다른 세상처럼 느껴졌다. 되레 그게 더 편안했다.

엄마뱃속에서 열 달 동안 양육되던, 그때 그 모습으로 환원되었기 때문이었으리라. 아니, 원초적인 형태를 향한 우리 몸의 자연스러운 되새김질이었는지도 모른다. 비록 본의 아니게, 잠시잠깐 동안이었지만…….

유년시절일수록 그 되새김질은 더 즉각적이다. 다른 친구들과 잘 어울려 놀다가도 슬그머니 장롱 속으로 들어가서 웅크린 채 잠이 들기도 하고, 그걸 모르는 가족들의 애간장을 태우기도 하다가, 또 때로는 책상 밑이나 침대 밑으로 기어 들어가 숨어 있기도 하였다.

물론, 그건 나중에 어른이 되어서도 별반 달라지지 않는다. 평소엔 제법 점잖고 그럴 듯해 보이다가도, 깊은 잠에 곯아떨어지거나 술 한 잔 걸치고 들어와서 무의식의 세계로 접어들게 되면, 대부분 그렇게 다시 제 본성으로 되돌아가게 된다. 다락은 그 원초적인 심리가 빚어놓은, 일종의 '마음 속 공간'이었나보다.

그래서 그런지, 예로부터 다락방은 드라마의 소재나 또 대중가요로도 불리며, 뭔가 부족한 것을 찾아서 헤매는 우리들의 정서를 살포시 어루만져 주곤 하였다.

    우리 집의 제일 높은 곳 조그만 다락방
    넓고 큰 방도 있지만 난 그곳이 좋아요.
    높푸른 하늘 품에 안겨져 있는
    뾰족지붕 나의 다락방 나의 보금자리

    달무리진 여름밤 고깔 씌운 등불 켜고
    턱 괴고 하늘 보면 소녀의 나래 펴던
    친구는 갔어도 우정은 남아있는
    이제는 장미꽃 핀 그리움 숨기는 곳

그런데 요즘에는, 그 다락방에서 조차 서서히 변화의 조짐이 감지되고 있다. 낮고 작고 아담하다는 기존의 이미지를 훌훌 털고, 아예 번듯한 방 하나로 자리 잡아 가고 있는 것이다.

건축법에서도 다락이란 그 천정높이가 '1.5미터 이하'이어야 한다고 명시하고 있지만, 다들 별로 개의치 않는 눈치다. 그렇게 되면 이제는 다락이 아니라, 사실상 하나의 주거공간으로 승격될 위기(?)에 처하게 된다.

당초 취지를 잃어가는 것이 아무리 요즘 세태라고 하지만, 그래도 낮고 작고 아담한 자태로, 세파世波에 지친 우리들을 다소곳이 품어주던, 그 작은 다락방의 변심變心 때문에, 우리는 다시 또 깊은 실연失戀의 상처를 어루만져야 할지도 모르겠다.

연탄아궁이

요즈음은 곤궁한 사람들의 겨울철 난방수단으로 다들 알고 있지만, 사실 연탄이 처음 보급될 때만 해도 지금과는 그 분위기가 사뭇 달랐다.

어느 시인이 "연탄재 함부로 차지 마라"고 읊조렸다고 하지만, 사실 연탄재를 함부로 찰 수 있는 것만도 행복한 시절이 있었다. 옛날 촌락村落에서는 연탄재를 보는 것 자체가 그리 흔치 않은 일이었기 때문이다.

대부분의 농가에서는 늦가을 추수가 끝나고 좀 한가해진 농한기農閑期를 틈타, 겨우내 쓸 땔감을 준비하곤 하였다. 그래서 좀 힘이라도 쓸만하다싶으면, 콩 타작이 끝나자마자 어른아이 할 것 없이 지게를 메고 지게작대기를 두드리면서, 하나둘 산으로 들어갔다.

앞 뒷산을 덮고 있던 나무는 진즉 땔감으로 쓴지 오래였던지라, 별 수 없이 점점 더 깊은 산으로 찾아 들어가지 않을 수 없었다. 그게 불과 삼사십 년 전까지 해마다 반복되던, 우리네 겨울철의 일상적인 농촌풍경이었다.

그러나 깊은 산속이라고 해도 항상 땔감이 지천으로 널려 있는 것은 아니었다. 간혹 국유림이 아닌 산에서는 산주인을 자처하는 이들을 만나

봉변을 당하기도 하였고, 또 그때만 해도 '산림녹화'라는 절대 절명의 정책이 시행되던 시절이라, 산림계山林係[17]가 출동을 하게 되면 무작정 도망을 쳐야 했다. 그렇게 해야만 겨우 방 한 칸이라도 지필 땔감을 얻을 수 있었기 때문이었다.

연탄곳간

그 와중에 땔감으로 홀연히 등장한 연탄이, 한때 문명의 상징으로 자리 잡게 된 것은 어쩌면 너무나 당연한 일이었는지도 모른다. 펄펄 끓는 온수溫水가 보일러 파이프를 따라서, 종일 순환을 멈출 줄 몰랐고, 덩달아 방바닥도 아랫목 윗목 가리지 않고 후끈후끈 달아올랐다.

그런데 호사다마好事多魔였을까? 편해진 만큼 불상사가 뒤따르게 되었다. 당시 '죽음의 사신使臣'으로 불리던 연탄가스가 방안으로 스며들기 시작한 것이다.

그래서 아침마다 한바탕 소동이 심심찮게 벌어지곤 하였다. 아침 해가 훤해졌는데도 문간방에서 인기척이 나지 않으면, "아차~!" 싶어진다. 서둘러 뛰어가 방 문고리를 거머쥐고 방안 동정을 살피지 않을 수 없었다.

---

[17] 각 군에서 산림의 보호와 감독 등의 일을 담당하는 부서 또는 그 직원, 산림경찰권까지 가지고 있었다고 한다.

밖의 소란을 눈치 챘는지, 눈을 비비며 부스스 깨어나는 인기척이 들리면, 그때서야 "휴우~" 하며 애먼 가슴을 쓸어내던 게 한두 번이 아니었다.

그러한 연탄 난방방식도 개량을 거듭하여, 단순히 연탄을 지피던 연탄화덕과 연탄아궁이에서 벗어나 점차 연탄보일러로 바뀌게 되었다. 그래서 이제는 그 열원熱源이 기름이냐 도시가스냐 하는 차이만 있을 뿐, 거의 모두 다 온수난방 방식으로 자리 잡게 된 것이다.

그런데 최근 경기한파가 몰아치면서 기름 값을 감당해낼 수 없었던지, 요즈음은 다시 또 하나둘 연탄으로 아궁이를 개조하기 시작하였다. 유가油價변동에 따라 보일러 스위치를 이리저리 돌려대느니, 차라리 마음 편하게 살고 싶었는지도 모른다. 예전처럼 뜨끈뜨끈한 방바닥에 몸을 푹 파묻고, 그렇게 살던 우리네 오랜 주거생활습관이, 다시 또 연탄을 우리 곁으로 불러들이고 있는 것이다.

 평상

저녁 해가 뉘엿뉘엿해지면, 풋고추와 옥수수가 가득 담긴 소쿠리를 옆구리에 낀 채, 고삐 풀린 까만 염소새끼 몇 마리를 졸랑졸랑 앞세우고, 어머니가 먼저 돌아오셨다.

씻을 새도 없이 마당에 걸린 아궁이에 불을 지피자마자, 마루에 깔아 놓은 식보食褓 위로는 도마가 놓이고, 한 움큼 떼어낸 밀가루 반죽이 그 옆에 얌전히 도열했다. 한참을 아금박스럽게 주무르다가, 빨래 다듬돌에 놓였던 동그란 방망이에 물을 묻혀서 밀가루반죽을 죽죽 밀어댔다. 그러자 호박처럼 둥그렇게 버무려진 밀가루반죽이 점점 더 얇게 제 몸을 늘려놓기 시작하였다.

웬만큼 다이어트가 끝나자, 그걸 김밥처럼 둘둘 말아서 이번엔 도마 위에서 토막토막 썰어 내린다. 기다렸다는 듯, "툭툭" 떨어지며 말렸던 제 몸을 펴는 게 신기했다. 살아 움직이는 것 같았다. 일부러 길게 펴봤다. 식보가 모자랄 만큼 쭉 펴졌다. 아쉬웠지만, 도중에 끊어지는 놈도 있었다. 그래도 '저게 다 뱃속으로 들어가다니……?'

마무리가 되면, 식보에 싸서 아궁이 솥에다 들이붓는 것은 내 몫이었다. 조심조심 토방으로 내려가 부엌문 틈으로 한쪽 발끝을 집어넣어 "끼이익~" 열어 제친 뒤, 부뚜막으로 다가가 솥뚜껑을 쭉 밀어뜨렸다. 순간, 후끈한 열기가 얼굴을 덮쳤다. 나도 모르게 움찔거리며, 뒷걸음질 쳤다. 그래도 그 식보는 놓칠 수 없었다.

열기熱氣가 조금 가시자, 양은솥에 칼국수를 밀어 넣었다. 마치 연못에 물고기를 풀어놓는 것처럼, 조심스레……. 그리곤 아궁이 앞에 쪼그리고 앉아서, 솔가지를 몇 개 더 집어넣고 부지깽이로 바람 길을 만들어주었다.

부엌문턱을 넘어 나오니, 이미 할머니는 평상에 진을 치고 계셨고, 동생들은 방금 아버지가 벗어놓은 바지게에서 꺼낸 소꼴을 송아지 구시에 던져놓으며, 저희들끼리 낄낄대고 있었다. 송아지가 그 긴 혀를 "날름날름"거리며, 소꼴을 하나씩 받아먹는 게 꽤나 신기했나보다.

김이 모락모락 나는 옥수수 한 그릇으로 저녁만찬은 시작되었다. 뒤이어 커다란 양푼에 담긴 칼국수가 평상에 올려졌고, 각자 제 분량만큼 덜어졌다. "후르륵"거리면서 칼국수가 연신 입으로 빨려 들어갔지만, 내 그릇은 좀처럼 줄어들지 않았다. '나도 한두 그릇은 더 덜어 먹을 수 있

는데…….'

토마토가 또 올라왔다. 제법 먹음직스러워 보였다. 하얀 설탕이 채 녹지 않은 맨 위 토마토 조각부터 얼른 집어 들었다. 덥석 한입 깨물자 먼저 쓴 맛이 배어나왔다.

"아직 덜 익었나? 겉은 저렇게 붉디붉은데……."

화로에 지핀 모깃불 연기가 코를 매콤하게 자극하려는 찰나, 푹 찐 감자그릇이 뒤따라 올라왔다. 얼른 감자 하나를 집어 들었다. 차마 뜨겁다고 놓지 못하곤, 이손저손으로 재빨리 옮겨가며 조금씩 베어 삼키다가, 갑자기 뱃속 창자가 타는 것처럼 뜨거워졌다.

"무, 무, 물~."

물을 찾으며 허겁지겁 물을 들이켰다. 차가운 물줄기가 식도를 타고 "짜르르" 내려가면서 그 터질 것 같던 불길이 꺼졌다.

"휴우~."

그런데 이번엔 뱃속이 그득한 포만감이 저 멀리서 밀려들기 시작하였다. 그만 평상에 벌렁 드러누웠다. 체한다며 등을 떠미는 할머니의 성화에 못 이겨, 겨우 신발을 "찍찍" 끌면서 검정색 함석대문 밖으로 나섰다.

골목길 굽은 허리를 한두 골목 더 지나 냇가까지 다다르니, 시냇물소리가 요란하게 들렸다. 아마, 저들도 서로 앞 다투어 저녁식사를 하는 것 같았다. 시냇물소리는 낮보다 더 유난스러워졌다.

별 수 없이 "터벅터벅" 되돌아오니, 평상은 이미 잠자리로 변해 있었다. 아까보다는 한결 가뿐해진 몸을 평상에 뉘이니, 밤하늘엔 별만 가득했다. 마루에선 모기가 귀찮게 구는지, 이따금씩 "탁탁~" 손바닥으로 제 살을 후려치는 소리만이 여름 밤하늘의 정적을 흔들고 있었다.

침대

침대가 없던 시절, 침대에서 잠을 잔다는 것은 당시로는 대단한 호사 好事였다. 그래서 침대를 들여놓을 형편도 못 되고, 아니 아예 읍내 시장에서조차 침대를 구경할 수 없던 시절, 그때 침대는 그저 동화 속에서나 겨우 볼 수 있는 '신기루蜃氣樓' 같은 존재였다.

그래도 궁금한 것은 참을 수 없었다. 작은 의자를 앞뒤로 가지런히 줄 맞춰놓고, 그 위에 얇은 송판松板을 두세 개를 걸쳐놓는다. 그러면 곧장 평평한 잠자리가 완성되었다.

어서 불 끄고 와서 자라는 할머니의 성화가 빗발쳤다. 불은 껐지만 낮에 만든 그 침대(?)를 떠날 수는 없었다. 살짝 몸을 눕혔다. 순간 기우뚱거렸지만, 비로소 방바닥보다 더 높은 공간에 몸을 뉘인 채, 잠을 잘 수 있다는 사실이 더 신기했다.

그런데 잠은 깊게 들지 않았다. 자리가 딱딱하기도 했지만, 우선 송판松板 자체가 굴곡이 있어서 등허리가 송판 바닥에 밀착될 수가 없었기 때문이었던가보다. 또 방바닥이 온돌바닥이었던지라, 의자가 뒤척이는 몸의 움직임에 따라 가끔씩 뒤뚱거리기도 하였다.

별 수 없이 새벽녘에 일찍 잠자리를 털고 일어나지 않을 수 없었다. 동화 속의 세계는 아무나 흉내 내는 것이 아니었다. 할머니에게 허리를 주물러 달라고 했지만, 쉽게 낫지는 않았다. 그렇다고 침대에서 지낸 어젯밤의 외노(?)를 그대로 실토할 수는 없었다. 어쨌든 침대는 그렇게 어렵사리 다가온, 한때 우리 문명의 경계지대였다.

물론 그 경계지대가 이제는 우리 생활 구석구석까지 어쩌면 너무나 깊숙이 들어와 있는 것 같다. 침대가 그렇고, 책상이 그렇고, 또 식탁과 싱크대가 그렇다. 그들 없는 주거생활이란, 이제 상상조차 할 수 없는 일이 되고 말았다. 이른바 빗장을 풀고, 입식생활의 첨병尖兵들을 모두 다 '우리' 안으로 받아들인 것이다.

어쩔 수 없이 방바닥을 뜯어내고 침대와 식탁을 드려놓으면서, 한꺼번에 입식立式생활로 건너뛰게 되었다. 이제 어느 집이나 침대 없는 집이 없고, 또 식탁과 싱크대가 없는 집이 없게 되었다. 침대 매트리스 위의 생활은 한순간 그렇게 포근하고, 편안하게 다가왔다. 비로소 어렸을 때 그 딱딱했던 기억을 떨쳐버릴 수가 있게 되었다.

그런데 그게 다는 아니었던가보다. 오랜만에 어느 집 사랑방 구들장에 누워보니 불현듯 옛 기억이 되살아났다. 아니, 더 편안하게 느껴졌다. 어린 시절, 침대에 눕고 싶어서 의자를 놓고 그 위에 송판松板을 걸쳐서 만든 침대(?)에 대한 열망이, 이번에는 다시 반대방향으로 용솟음치기 시작한 것이다.

갑자기 방바닥이 그리워졌다. 항상 그 자리에 그렇게 게으른 자태로 누워 있는 침대보다는, 뽀송뽀송한 이불을 깔고 펴서, 그 날 잠자리를 만드는 것 자체가 휴식에 대한 예의로 생각되었다. 잠자리에서 일어나 이불을 갬으로서, 그 자리를 털어내는 것도, 그날 하루의 새로운 시작에 대한 의미로 다가왔다.

싱크대나 냉장고에서 곧장 식탁으로 향하던 음식도, 밥상에 차려놓으니 더 꿀맛 같았다. '곧장'이 아니라, 기다려지게 되는 것이다. 소반을 들고 밥상으로 향하면서 밥맛이 궁금해지고, 또 찌개그릇을 들면 그 맛이 저절로 상상되곤 하였다. 재미있었다.

　물론 준비하고 차리려면 더 손이 가게 된다. 그러나 입식생활에서는 어쩔 수 없이 간략하게 생략되던 절차가 좌식坐式에서 다시 복원되고 보니, 그것은 또 다른 생활의 묘미로 다가오기 시작하였다.

　언제나 잠만 잘 수 있도록 항상 드러누워 있는 침대, 그릇만 올려놓으면 금방이라도 식사를 할 수 있도록 제 공간을 차지하고 있는 식탁, 그리고 방마다 제자리를 잘 잡고 있는 책상과 의자……!

　그게 소품들이어서 망정이지, 항상 그 자리 그 모습으로 우두커니 놓여 있는 그것들이 만일 가족이나 친구였다면, 아마 골백번도 더 티격태격했을 지도 모른다. 원할 때마다 펴지고, 놓여지고, 깔리고, 다시 접혀지는, 기본조차 갖추지 못했으니…….

둘. 이기적 초상 肖像

까대기

　오랜 갈망 끝에 드디어 집 짓는 일이 끝나고, 사용승인(준공)까지 마치고 나면, 비로소 '건축물대장'에 오르게 된다. 그때부터 건축물로서의 정상적인 권리의무를 지니게 되며, 언제든지 건축물대장도 발급받을 수 있게 된다. 사람으로 치자면, 이른바 주민등록증이 만들어지는 것이다.
　그런데 이상한 일이다. 그 주민등록증 발급과 동시에, 건축에서는 대부분 '까대기'라고 하는 비밀작업(?)에 들어가게 된다. 아마 사용승인 후의 필수코스쯤으로 여기고 있는 듯하다. 부족한 부분은 달아내고 장애물은 곧장 털어낸다. 발코니를 실내공간으로 꾸미는 것은 물론이고, 심지어 계단실이나 물탱크가 자리했던 옥탑까지 어엿하게 하나의 '방'으로 꾸며놓는다.
　아니, 그렇게 부족하고 못마땅했더라면 차라리 진즉 설계변경이나 증축허가를 받을 것이지, 겨우 '까대기'로 응수하다니? 주민등록 취득 후의 첫 권리행사치고는, 너무 어처구니없는 일이라고 하지 않을 수 없다.

당초 '집'의 이미지가 훼손되는 것도 그렇지만, 과태료를 내고 원상복구 명령까지 받게 되면, 이제 지켜보기조차 민망해진다. 그 일그러진 풍경 사이로 한번 다가가 보자. 아마 우리 곁에서 벌어지고 있는, 아주 낯익은 풍경들일지도 모른다.

까대기

정식 건축허가를 받지 않고 외벽이나 담장에 임시로 덧붙여서 만든, 허술한 구조물을 우리는 보통 '까대기'라고 한다. 거기에는 포대기처럼 작고 일시적이라는 뜻이 담겨 있다. 까대기는 또 '가재기'나 '가데기'하고도 가끔씩 헛갈리곤 하는데, 분명히 다른 지칭이다.

우선 '가재기'는 튼튼하게 만들지 못한 물건을 통칭하는 말이다. 또 '까대기'와 발음조차 흡사한 '가데기'는 일반적으로 본채가 아닌 아래채를 가리키는 것으로서, 보통 헛간과 외양간 그리고 창고까지를 두루 포함하고 있다.

이름이야 어찌 되었든, 까대기는 건축에서 일종의 사생아私生兒라고 할 수 있겠다. 처음 설계 당시에는 별로 그 필요성을 느끼지 못하다가도, 입주하게 되면 그때부터 점차 까대기의 필요성을 체감하게 된다.

그래서 까대기는 시쳇말로 정말 때와 장소를 가리지 않는다. 사용승인(준공)을 받자마자 기다렸다는 듯이 곧장 까대기를 걸쳐대기도 하지만, 그 집 식구들의 라이프 사이클(life cycle)에 불쑥불쑥 제 모습을 드러내놓기도 한다.

물론, 그 이유야 많다. 들이치는 눈비를 막기 위해서 처마를 둘러치기도 하고, 또 보일러실에 지붕도 새로 얹어야 한단다. 어디 그뿐이랴? 당초 설계에는 거실과 주방 그리고 방만 덩그렇게 만들어놓았을 뿐, 어디 허드레 물건 하나 제대로 넣어둘 공간조차 마땅치 않았다는 변명도 빠지지 않는다. 어쩔 수 없이 구석진 모서리나 계단 밑에 임시변통으로 까대기를 설치할 수밖에 없다는 것이다.

물론 복잡한 라이프 사이클을, 설계 당시부터 미리 세세하게 고려하지 못한 불찰不察도 있다. 그러나 '까대기'는 집주인의 '욕심'에서 비롯되는 것이 대부분이다.

욕심에 눈이 가리면, 설사 건축법에 저촉되는 사항이라도 그걸 그냥 쉽게 받아들이려 하지 않는다. 일단 사용승인 이후로 모든 걸 미뤄놓는다. 비록 불법이더라도 나중에 '까대기'를 설치해서, 지금 드리워진 제약조건을 일시에 극복해내겠다는 것이다. 실로 대단한 투지이자, 불굴의 욕심이라고 하지 않을 수 없다.

하긴, 지금 까대기를 치는 사람만 탓할 일도 아니다. 조금만 관심을 갖고 우리 사는 주변을 둘러보면, 정말 까대기 하나 둘러치지 않은 집이 없을 정도다. 심각하고 아찔해진다. 다들 달아내고 올려놓고, 또 덮어 씌어 놓았다.

우리네 사람으로 치자면 제 얼굴에 여기저기 혹을 달아놓은 꼴이 된다. 부끄럽고 불편할 텐데도, 아랑곳하지 않는다. 욕심에 그만 눈까지 멀어진 탓인가보다.

그래도 집 주변 한쪽에만 다소곳이 까대기가 설치되어 있다면, 그것은 차라리 나은 편이다. 이웃집으로 처마가 넘어가서 빗물이 튀는 일도 없

언제나 슬그머니 등장하는 까대기

을 테고, 인접통로도 방해받지 않을 테니, 어쩌면 그것은 단지 혼자만의 문제로 그칠 수도 있는 일이기 때문이다.

그렇지만 집에 덧붙여지는 까대기는, 대부분 다른 상대가 존재하기 마련이다. 요즘 부쩍 새롭게 관심을 끌기 시작한 조망권眺望權이라는 것도 그렇고, 전통적으로 내려오는 이웃 간의 일조권日照權 문제만 해도 그렇다. 또 까대기의 특성상, 그 지붕을 이웃집 담장에 걸쳐놓음으로서, 종종 야기되는 빗물피해 분쟁 역시 마찬가지다.

아무리 사소한 일이라고 하더라도 집을 짓는 과정에서 그렇게 불거진 분쟁은, 쉽게 가라앉지 않게 된다. 때로는 어느 한쪽의 민원제기로 감정의 골이 깊이 파였다가, 급기야는 서로 주먹다짐까지도 서슴지 않는다. 어쩌면 그 하잘 것 없어 뵈는 까대기 하나 때문에 이제 이웃사촌은 옛말이 되었다.

아니, 까대기뿐만이 아니다. 넘지 말아야 할 선線까지 단숨에 넘어버린 경우도 허다하다. 그렇게 되면, 이제 단지 이웃집 하나둘과의 문제가 아니라, '불특정 다수'를 상대로 하겠다는 얘기가 된다.

물론, 남들 눈에 더 띄고, 더 드러내고 싶은 욕심 때문이다. 그래서 금지선禁止線인 줄 뻔히 알면서도, 지금 이렇게 '건축선建築線'을 넘어서고 있는 것이다. 한 발 두 발 더 자꾸 앞으로, 앞으로 나서면서…….

앞으로, 앞으로

집은 보통 인접대지경계선(담장)과 50센티미터 이상을 띄우도록 규정되어 있다.[1] 아니, 설사 그게 아니더라도 집의 태생적인 한계 때문에, 집을 담장에 바짝 갖다 붙여놓을 수는 없는 일이다. 또 살다보면 눈이나 빗물이 이웃집에 튀는 등 분쟁의 요소가 항상 잔존하고 있기 때문에, 이것저것 가리지 않고 그저 마음 편하게 살려면, 아무래도 그 정도 이상은 띄워놓는 게 현명하다.

그런데 문제는 종종 처마에서 발생한다. 외벽은 어쩔 수 없이 띄워놓는다고 하더라도, 지붕이 만들어놓은 처마만은 띄지 않겠다는 것이다. 내 땅에서 왜 그것까지 띄워야 하느냐고 항변하기도 한다. 일견 맞는 말처럼 들린다.

그렇다면 집을 지을 때 도로경계선에서는 어느 정도나 띄워야 할까? 정말 이웃이 따로 없으니, 아예 띄지 않아도 되는 것 아닌가?

---

1 민법 제242조.

이젠 제법 익숙해진 풍경

물론, 옛날에는 그랬다. 도로의 경계구분도 애매했지만, 설사 도로라고 하더라도 지붕처마는 버젓이 골목으로 돌출되어 있었다. 덕분에 비가 "후드득" 떨어지는 날에도 얼른 그 처마 밑으로 뛰어 들어가서 비를 피할 수 있었고, 또 뙤약볕이 사납게 내려쬐는 날에도 저절로 그늘이 드리워지곤 하였다. 그러다보니 거의 대부분 처마가 골목으로 조금씩 튀어나오게 되었고, 겨우 손수레 하나 드나들 정도의 좁디좁은 골목만 남아 있었던 것이다.

어쩔 수 없이 강제규정이 필요하게 되었다. 그래서 지금은 도로경계선을 '건축선建築線'으로 지정하고, 최소한 그 선만은 절대 넘지 못하도록 규정해놓았다. 그 결과 대부분 건축허가를 받아서 사용승인을 받을 때까지는, 일단 그게 다들 잘 지켜지고 있는 것 같다.

문제는 그 다음부터다. 사용승인이 처리되자마자 우선 도로변을 향해서는 열리지 못하고, 실내 쪽으로만 열리게 되어 있던 출입문부터 손을 보게 된다. 도로변을 침탈하지(?) 못하도록 출입문 상부에 붙여놓았던, 여닫이 조정장치부터 급히 떼어내는 것이다.

출입문을 밖으로 밀어냄으로서, 그 앞을 지나다니는 행인들에게 자행

恣行될 수 있는, 무례함 따위에는 아예 아랑곳하지도 않는다. 그리고는 그 출입문으로 눈이나 빗물 또는 햇빛이 들이치는 것을 막기 위해서, 다시 또 출입문 상부에 채양을 하나 더 얹어놓는다.

그런데 사실 따지고 보면 집만 그런 것이 아니었다. 가게 내부에 다소곳이 진열되어 있어야 할 상품들 역시 마찬가지였다. 지나다니는 행인들의 눈에 조금이라도 더 쉽게 뜨일 수 있도록, 아침마다 가게 밖 도로변으로 물건을 내다놓으며 하루 일과를 시작하고 있었던 것이다.

도로변의 '건축선'을 무시하고 넘어서기는 광고간판 역시 마찬가지다. 외벽에 다소곳이 수평으로 붙어 있는 간판이야 별 문제가 없겠지만, 돌출간판은 그게 아니다. 일단 도로변으로 튀어나오는 것을 전제로 하고 있다.

또 옆 가게와 경쟁을 하다 보니, 자연히 광고간판은 더 크고 더 화려해지지 않을 수 없게 된다. 그런저런 이유로, 지금 저렇게 버젓이 '건축선'을 넘은 채, 다들 자꾸 앞으로만 나서고 있는 것이다. 서로 날 먼저 봐달라는 듯이 애처로운 몰골로……

발코니

지금은 아파트 세대마다 빠짐없이 한두 개씩 달려있는 발코니를, 예전에는 그저 간단하게 노대露臺라고 불렀다. 이슬을 맞는 장소라는 뜻이다. 이슬을 맞는 공간……? 그래, 처음에는 그렇게 제법 운치 있는 공간이었다. 대접도 상당히 융숭했다.

해마다 성탄절이 되면, 로마 베드로성당 발코니에 교황이 친히 나와서 축사를 발표하기도 하고, 때로는 유럽의 유명 정치인이나 연예인이 굳게 닫힌 발코니창문을 활짝 열어젖힌 채, 환한 얼굴로 청중들에게 손을 흔들며 그 열광적인 환호에 답례하는 장소이기도 했다.

그래서 처음에는 우리도 발코니를 지금처럼 가리고 막지 않았다. 외기外氣와 서로 소통하고, 정말 이슬이 내려앉는 공간으로 그냥 놔두고 지켜보았던 것이다.

그런데 언제부턴가, 누가 먼저랄 것도 없이 발코니에 창호새시를 설치하기 시작하였다. 물론 그땐 그저 눈비가 들이치거나 찬바람을 막는 정도의 간단한 시설로 그쳤다. 그래도 당시 건축법으로는 엄연한 불법이었기 때문에, 사용승인이 처리되고 나서야 서로들 눈치를 보며, 슬쩍슬쩍 창호새시를 설치하곤 하였다. 그게 당시 우리네 아파트들의 낯익은 풍경이었다.

그러면서 발코니에 창호새시를 설치하는 행위 자체가 점차 움직일 수 없는 대세로 굳어지기 시작하였다. 그래서 아파트에 입주하게 되면 우선 창호새시부터 설치하는 게 마치 상식처럼 번져나갔다. 그 걷잡을 수 없는 열망(?) 앞에 더 이상 버텨낼 재간이 없었던지 건축법도 서둘러 개정되기에 이르렀고, 마침내 마음만 먹으면 누구나 처음부터 버젓이 발코니에 창호새시를 설치할 수 있게 되었던 것이다.

그런데 그것으로 끝이 아니었다. 아무 때나 창호새시를 설치하게 된 발코니는, 거기에 쉽게 만족하려 들지 않았다. 거실이나 방과 같은 실내공간으로까지 화려한 탈바꿈을 재차 시도하였다. 입주入住를 하고나서도 집주인이 바뀔 때마다, 쿵쾅쿵쾅거리면서 뜯어내고 고치는 발코니 확장은 계속되었다. 당연히 민원은 그치지 않았고, 이웃 간의 충돌도 부쩍 잦아졌다.

이에 어쩔 수 없었던지, 한동안 발코니 확장을 엄단하겠다던 건축법은, 다시 또 슬그머니 후퇴를 거듭하게 되었다. 마치 건축법은 "두드리라! 그러면 열리게" 되는 신세로 전락하게 된 것이다.

그 덕분에(?) 요즘 아파트는 설계 당초부터, 아예 발코니 확장을 전제로 하고 있다. 설사 지금 거실공간이 조금 작다고 하더라도 별로 개의치 않는 눈치다. 다음에 발코니를 확장하면 별 문제가 없다고 생각하기 때문이다. 그리고는 그걸 분양품목에 슬며시 끼워 넣었다. 아무리 대피공간이 부족하고 일조日照나 전망展望의 장소라고 설명해봐야, 이제는 아무 소용없는 일이 되고 말았다.

그렇게 진통을 거듭해온 발코니를 우리는 흔히 베란다(veranda)라고도 부르고 있지만, 가끔 헛갈리고 있는 테라스(terrace)와는 그 의미가 사뭇 다르다. 보통 테라스라고 하면 지상에 덧붙여 널따랗게 만든 야외시설로서, 지붕이 없는 것을 말한다. 이에 비해서 아파트처럼 지붕이 설치되어 있는 것은, 그와 구분해서 발코니라고 부른다. 또 테라스와 발코니를 아울러서 '베란다'라고 하기도 한다.

어쨌든 발코니는 아파트라고 하는 특수한 평면조건에서, 그걸 보완하기 위해서 옆에 붙여놓은 일종의 완충공간이라고 할 수 있다. 온전한 실내공간도 아니고 그렇다고 야외공간도 아닌, 그저 그 중간의 어정쩡한 점이漸移지대라고 할 수도 있겠다.

그런데 그러한 완충지대는 건축 이외의 분야에서 더 절실하게 필요했던 것 같다. 그동안 흑백으로 극명하게 나뉜 채, 갈등과 반목으로 점철되어온 우리 현대사의 소용돌이도, 어쩌면 발코니와 같은 회색지대가 사라짐으로 해서, 더 극심한 혼란으로 빠져들었는지도 모르기 때문이다.

꽃 화분이나 허드레 물건이라도 별 거리낌 없이 둘 수 있는 공간, 위아래와 앞뒤로 사방이 꽉 막힌 아파트에서 그나마 밤하늘이라도 한번 올려다볼 수 있던 공간, 담배 한 모금 빨면서 답답한 가슴을 달래던 공간, 또 빨랫감을 널면서 이웃과 가벼운 눈인사라도 나눌 수 있었던 공간…….

그 여유餘裕공간, 점이漸移공간, 완충緩衝공간, 그리고 회색懷色공간이 이제 우리 곁에서 영영 자취를 감추려 하고 있다. 남보다 조금 더 넓은 공간을 차지하려는, 우리 현대인들의 그 한량限量 없는 이기심 앞에 그만 진절머리가 났는지, 옛날 마루처럼 다시 또 우리 곁을 떠나가고 있는 것이다.

옥탑방

언젠가 '옥탑방'이라는 드라마가 공전空前의 히트를 하면서, 우리는 옥탑방을 은연중에 상당히 운치 있는 공간으로 받아들이고 있는 것 같다. 건축허가를 받지 않은 그저 불법 까대기일 뿐인데도, 마치 다락방처럼 작고 아늑한 '나만의 공간'으로까지 여기고 있는 듯하다.

옥상으로 올라가기 위해서는, 지금까지 발을 딛고 올라온 계단 이외에도 마지막으로 계단이 한층 더 필요하게 되는데, 그 계단실 지붕을 우리는 보통 '옥탑屋塔'이라고 부른다. 옥탑은 건축허가를 받을 때 정식으로 설계도면에 표기되어 있긴 하지만, 일단 허가면적에서는 제외되어 있는 게 일반적이다. 그래서 처음부터 주거공간으로 인정받을 수 없었던 것이다.

그런데 그 옥탑에 방을 꾸며놓은 것이, 다름 아닌 옥탑방이다. 당연히 불법일 수밖에 없다. 또 그 공간이 예전에는 옥탑 옆에 붙어 있던 작은 물탱크실이었을 수도 있고, 각종 기계실이었을 수도 있다. 시끄럽고 불

옥탑방

편하지 않을 수 없었다. 그래도 이것저것 뜯어내고 마침내 방을 만들어 놓으니 그럴 듯해 보였다. 그렇게 해서 옥탑방이라는 공간이 세상에 모습을 드러내게 되었다.

그래서 그런지 옥탑방이란 존재는 처음부터 상당히 어설퍼 보인다. 또 대부분의 옥탑방은 혼자 꾸미고 생활하는 공간이기 때문에, 그 방에 찾아오는 사람들부터가 우선 단출하기 그지없었다. 또 과일이나 라면봉지 한두 개만 달랑 들고 찾아가도 별로 부담이 없다. 아니, 그게 오히려 더 자연스러웠다.

방안에 처음 들어서도 버젓한 가구나 장식이 별로 없기 때문에, 서로 쉽게 가까이 마주 앉을 수 있다. 더구나 이런저런 얘기 끝에 소주 한두 잔까지 함께 나누다보면, 설사 그동안 막히고 쌓였던 일이 있다고 하더라도 그저 술술 풀리게 된다. '단순한 공간'만이 지니고 있는 매력이라고 하지 않을 수 없었다.

그런데 옥탑방만 그런 것이 아니었다. 예전에 그 흔하디흔한 문간방도 그랬고, 시골에서 이제 막 유학 나온 학생들의 자취방도 그랬다. 밥상을 펴면 그것이 곧 식당이 되고, 공부를 한답시고 책상에 앉으면 공부방이 되며, 또 이불을 펴고 누우면 자연스레 침실로 변한다. 뭘 굳이 나누고 가릴 필요가 없었던 것이다.

칠팔십 년대 중반까지만 해도 우리는 대부분 그렇게 살았다. 지금처럼 그 흔한 원룸(one room)이라는 것이 따로 없었기 때문에, 갓 결혼한 신혼부부들이나 대다수 서민들은 그저 남의 집 문간방에 얹혀사는 것으로 만족해야 했다. 그래도 항상 걱정은 뒤따라 다녔다.

애들이 시끄럽게 뛰고 구르면 행여 "방 빼~"라고 할까봐 애를 닳기도 하고, 해마다 이사철이 되면 사글세를 올릴지 몰라서 노심초사하기도 하였다. 아니, 때로는 방바닥 틈으로 스며드는 연탄가스를 마시고 그만 생사의 고비를 넘나드는 경우도 허다했다. 또 아무리 불을 지펴도 따뜻해지지 않는 방바닥 때문에 매서운 한겨울 추위에 오들오들 떨며 지내지 않을 수 없었다. 또 당초 주거공간이 아니었기 때문에 최소한의 설비시설도 제대로 갖추어져 있지 않았다.

그래서 혹시 안전상의 문제라도 생기게 되면, 이건 정말 어디에 하소연할 데조차 없게 된다. 그래도 집주인은 매달 잊지 않고 꼬박꼬박 월세는 잘도 받아간다. 아무리 서로 간에 이해가 맞아떨어졌다고는 하더라도, 결국 집주인만 이득을 챙기게 되는 것이다.

그것뿐만이 아니다. 행여 조금 더 높은 데라도 올라가서, 우리가 사는 세상을 내려다보게 되면 이건 정말 심각하다. 옥탑방이나 뮤가방으로 이해서, 이제 정말 까대기 하나 걸쳐놓지 않은 집이 없을 정도다. 심지어 새로 지은 집도 마찬가지다. 마치 사용승인(준공)을 기다렸다가 부리나케 누더기를 덮어놓은 흔적이 역력하다.

  지금은 오히려 제법 운치 있게 들릴지 모르지만, 원래 옥탑방은 그랬다. 지나간 시절의 가난이, 아직까지도 우리 머릿속에서 그렇게 굳건하게 똬리를 틀고 있는, 그때 그 시절의 낡은 유물인 셈이다.

찬란한 증상

 신기루蜃氣樓

'싸고도 좋은 것'이란 우리 모든 소비자의 희망사항이지만, 그런 것은 애당초 존재하지도 않는 신기루蜃氣樓 같은 것인지도 모른다. 그런데도 여전히 우리는 본능적으로(?) 값싸고 질 좋은 것을 찾아서 이 가게 저 가게를 기웃거리게 되고, 또 이제는 인터넷까지 뒤적거리는 수고도 마다하지 않는다. 물론 유통과정에서 가치가 부풀려진 것이라면, 당연히 그 거품을 걷어내고 사고파는 것이 현명한 일이다.

그런데 우리가 사는 주거공간으로 한번 돌아와 보자. 정말 '값싸고 질 좋은 집'이 있을까? 더구나 '집'이란 그 특성상 완제품으로 거래되는 것이 아니라, 일종의 '주문생산품'이다. 이미 다 만들어져 있는 상품이 아니라, 설계도면에 의해서 그렇게 만들어질 것이라는 가상假想을 한 채, 계약이 이루어지게 된다는 것이다.

물론 설계도면을 보고 그대로만 공사를 진행해나가면 아무 문제도 없다. 그렇지만 그게 이행되는 과정에서는, 미처 예상치 못한 여러 가지 변수가 도사리고 있다는 사실에 주목해야 한다. 부득이 설계변경이 이루어지고, 계약사항이 달라진다. 그게 현장이다. 그만큼 역동적인 셈이다.

그래서 그에 대한 적절한 대응이 제때 이루어져야 한다. 그런데 그게 어디 말처럼 쉬운 일인가? 당초 설계내용이 바뀌어 변경을 한다고 하면, 집주인은 우선 색안경을 쓰고 눈부터 부라린다. 그러다가 서로 옥신각신하게 되고, 그게 때로는 감정의 앙금으로 침전되었다가, 결국 분쟁의 씨앗으로 돌변하게 되는 것이다.

물론 모두 다 욕심 탓이다. 그리고 그 시작은 당초 출발점으로 거슬러 올라간다. 집주인은 집이 '주문생산품'이라는 사실은 도외시한 채, 여기저기에서 견적서를 차례로 받았을 테고, 또 시공자는 그걸 유효적절하게(?) 활용하곤 했을 것이다. 비록 서로 한자리에 마주 앉아서 공사계약서에 서명을 하고 손은 굳게 맞잡았지만, 어쩌면 서로 다른 꿈을 꾸고 있었는지도 모른다.

집주인이 가장 저렴한 비용에 가장 질 좋은 집이 완성되기를 꿈꾸고 있었다면, 시공자는 또 나름대로 그 계약금액에서 이것저것을 모두 다 공제하고 나서, 실행 공사계획을 짰을 것이다.

한때 '최저가最低價 입찰'이라는 제도가 있었다. 마치 경매를 하듯, 가장 낮은 가격을 제시한 업체를 골라 집 짓는 일을 맡겼던 것이다. 그때 이른바 단돈 '1원짜리' 공사계약이 등장했다. 당연히 공사 도중 결국 누구누구가 줄행랑을 쳤다는 소문도 끊이지 않았다.

아니, 1원짜리라니……? 그게 대체 가당키나 한 발상인가? 단돈 1원에 일을 맡겨 달라고 하는 사람도 문제지만, 그걸 1원에 시행하라고 맡기는 사람도 문제였다. 대체 서로 무슨 배짱이었을까?

물론 정도의 차이는 조금씩 있지만, 그와 비슷한 일은 실제 우리 주변에서도 어렵지 않게 찾아볼 수 있게 된다. "잘 몰랐노라"고 둘러대는 것은 그저 하나의 무책임한 변명일 뿐이다. 그 많은 비용을 들여서 내 집을 짓고, 또 우리가 살 집을 짓는 것인데도, 그걸 모르고 있었다니? 이른바 속칭 업자에게 모든 것을 맡기고, 그저 다 알아서 해줄 것이라고 정말 순진하게(?) 믿고 있었다면, 그것은 바보나 하는 짓이다.

그런데 정말 그랬을까? 남보다 더 싸고 더 잘 짓겠다는 약속 중에서, 혹시 "싸다"고 하는 말만 일부러 더 또렷하게 듣고, 나름대로 제 계산을 한 것은 아니었을까?

지금 우리 사회는 이미 너나할 것 없이 모두 다 무한경쟁 속으로 질주하고 있다. 그렇지만 유감스럽게도 그게 당초 의도대로 '품질향상' 경쟁이 아니라, '가격하락' 경쟁으로 치닫고 있는 분위기다.

흔히 우리는 "싼 게 비지떡"이라고들 한다. 이러다가 정말 너도 나도 비지떡을 쑤어서 집을 지으려고 달려들지도 모르겠다. 그럴수록 이제 점점 더, 좋은 집과 만나게 될 기회 자체를, 아예 그 송두리 채 날려버리고 있는 것 같다.

사막 한가운데 홀연히 나타났다가, 흔적조차 남기지 않고 사라져버린다는, 그 어느 신기루蜃氣樓처럼…….

새집증후군

건강하게 오래 살고 싶다는 우리 인간의 희망은, 어느 날 우리 사회에 갑자기 새집증후군(sick house syndrome)이라는 이상야릇한 병을 만들어냈다. 새로 지은 집에 입주해서 살게 되면, 건축자재에서 뿜어져 나오는 해로운 물질 때문에 병에 쉽게 노출된다는 것이다.

새 집뿐만이 아니다. 새 차도 그렇고, 새 옷도 그렇다. 무엇이든지 새로 만든 것에는, 그렇게 우리를 자극하는 이물질들이 여기저기 곳곳에서 배어나온다. 제품 자체의 완성도보다도, 우선 더 보기 좋게 치장하는 과정에서 도드라지는 문제라고 할 수 있겠다.

아니, 어쩌면 그게 우리 사회의 분위기 탓인지도 모른다. 그동안 진짜가 아니면서 더 진짜처럼 행세하기도 하고, 또 더 그럴듯하게 보이기 위해서 제 본래 모습까지도 손쉽게 탈바꿈해버리는 요즘 세태를 반영한 것이라고 할 수 있다. 우리 주거공간에서도 원목原木이 아니면서 원목인 체하고, 진짜가 아니면서 진짜인 체하는 인테리어가 유행처럼 번져나가고 있는 실정이다. 자연적으로 장식은 더 요란해지고, 그 의미는 과장을 반복하게 된다.

우리가 지금 살고 있는 방이나 거실에도 자연재료를 그대로 활용하는 것이 좋다는 것은 두말할 필요도 없다. 그런데 원목이나 흙 등의 자연소재는 우선 보기에도 깔끔하지가 않다. 주위 환경에 따라 틀어지기도 하고, 갈라지기도 하면서 때로는 볼썽사납게 내려앉고 주저앉기도 한다. 그러면서도 그 비용은 또 턱없이(?) 비싸다.

어쩔 수 없이 집장사들은 석고보드나 인공목재로 벽이나 바닥을 만들고, 거기에 나무 색깔을 입히고 싶은 유혹을 받게 된다. 그렇게 하면 그 마감 표면이 더 나무 같고 더 깔끔해진다. 값도 비교할 수 없을 정도로 싸다는데, 또 다른 매력이 있다. 당연히 우리가 살고 있는 실내는 가짜로 치장된다. 바닥, 벽, 천정 등의 실내마감 재료도 그렇지만, 그 안에 들어선 각종 가구나 집기 역시 마찬가지다. 거의 다 가짜가 진짜처럼 버젓이 행세하고 있는 것이다.

그래서 우선 보기에는 모두 다 그렇게 깔끔하고 세련되어 보이긴 하지만, 실상을 알고 나면 이만저만하게 심란해지는 것이 아니다. 정교하게 이어 붙이고 다시 덧붙이기 위해서 별 수 없이 다들 본드(bond)를 사용하고 있는데, 그게 발암물질로 잘 알려져 있는 포름알데히드(formaldehyde)의 집산지라고 한다.

그것뿐만이 아니다. 바닥이나 벽 등을 더 매끈하게 보이기 위해서, 마감처리 하는 왁스(wax)나 바니시(varnish)도 그냥 쉽게 보아 넘길 일이 아니다. 톨루엔(toluene)과 크실렌(xylene)이 제 기준한도를 넘은 채, 종종 검출되곤 하기 때문이다.

그렇게 하나둘 따져 나가다보면, 사실상 우리 주변 모두가 오염원이라고 하지 않을 수 없다. 증상도 다양하다. 우선 속이 매스껍고, 머리도 아프며, 때로는 눈이나 코 그리고 목의 점막에 심한 자극을 느끼게 된다고 한다. 아니 거기에서만 그치는 것이 아니다. 그게 모이고 쌓였다가 마침내 일을 내기 시작한다. 특히 노약자에게는 더욱더 치명적이라고 하지 않을 수 없다.

그러한 새집증후군은 누가 뭐라고 해도, 우리 스스로 만들어낸 현대

'건축병'이라고 할 수 있겠다. 더 깔끔하고 더 세련되게 보여야 한다는 강박관념에다가, 그 비용까지 저렴할 수 있다는 우리들의 '욕심'이 만들어낸 것이다. 아울러 도시화의 진행으로 우리 인간이 자연으로부터 멀어진 후유증이자, 일종의 경고라고 받아들여야 한다.

유해하든 말든 우선 싸고 깔끔하면 된다는 경박한 사회풍조와 또 진짜가 아닌 것을 진짜처럼 속이고 감추려는 천박한 상업주의가, 그 증상을 더욱 악화시켰다는 사실에 주목해야 하겠다.

 틈

옛날 우리네 집은 추웠다. 추워도 너무 추웠다. 때로는 잠자리에 들어도, 찬바람이 문풍지를 두드리며 다가왔다. 문풍지는 저도 몰래 제 온몸을 "포르르" 떠는 것으로, 저항하는 듯 했다. 그 실랑이는 밤새 그치지 않았다.

그럴수록 동생들은 이불을 더 끌어당기며, 할머니 품속으로 파고들었지만, 되레 난 코끝이 상큼해졌다. 열이 많은 탓이었을까? 가끔 문풍지 소리마저 제법 정겹게 들렸다. 그래도 새벽녘에는 이불을 더 깊숙이 뒤집어쓴 채, 아랫목으로 자꾸 더 파고들었다.

살과 살이 맞닿으며 데워주는 체온이, 그렇게 따스한 줄 예전에는 미처 몰랐다. 그래도 아침에 먼저 일어나보면, 이건 난장판(?)이다. 오직 '따뜻함'만을 찾아서, 어지럽게 서로들 얽혀 설케 웅크리고 있었다. 그만큼 추웠다.

그래서 겨울에는 낮에도 방바닥에 이불을 깔아놓은 채 겨울을 나야 했고, 아침저녁으로는 아궁이에서 발갛게 지핀 숯불을 화로에 담아 방안에 들여놓고서, 그걸 끼고 살아야만 할 정도였다.

그렇게 겨우내 모진 추위에 "덜덜" 떨어야 했던 데는, 우리 주거공간에 나 있는 남다른 '틈' 때문이었다. 틈은 우리 건축의 특장이라고 할 수도 있지만, 사실 옛날 가난한 시절의 적나라한 '흔적'이었다. 어느 집이나 문에는 문틈이 나 있었고, 벽에는 벽틈이 벌어져 있었다. 그땐 정말 어쩔 도리가 없었다.

벽을 만들려면 우선 외椳(lath)[2]를 엮고, 거기에다가 짚을 썰어 넣어 반죽한 흙을 안팎에서 쳐 붙여야 한다. 그리고 그 표면을 매끈히 처리하게 된다. 그러다보니 자연적으로 벽은 지금처럼 두꺼워지지 못하고, 상당히 얇았다.

또 그 얇은 흙벽 자체도 시멘트벽과는 달리 건조과정이 불규칙하기 때문에 일부분이 처지기도 하고, 중방中枋과의 접합부에서 실틈이 벌어지게도 된다. 아무리 재벌미장을 하고 그 틈에 다시 또 흙을 쑤셔 넣어 봐도 별 소용이 없었다.

문틈도 마찬가지다. 대기 중의 습도변화에 민감한 목재가 수축팽창을 거듭하는 과정에서 저절로 틈이 벌어지게 되고, 그게 문틈으로 자리 잡게 되었다. 사실 문풍지도 그 때문에 출현하게 된 것이다.

그런데 요즘은, 그 틈을 그냥 봐 넘기려 하지 않는다. 틈만 생기면 다

---

2 벽에 흙을 바르기 위한 바탕을 구성하는 것으로서, 기둥 또는 샛기둥에 5cm 정도의 간격으로 보통 댓가지나 수숫대, 싸리나무, 잡목, 또는 삼나무의 심재 등을 잘 엮어서 사용했다.

들 아주 곤혹스러워 한다. 무작정 막고 메우고 채워 넣는다. 그렇게 하지 않으면 부실공사가 되고, 싸구려 집으로 전락되기 때문이다.

그래서 빈틈없이 벽에 단열재도 넣고, 안팎이 완전히 차단되는 시스템 창호를 설치하는 것도 마다하지 않는다. 다른 것은 아예 생각할 겨를조차 없어 보인다. 덕분에 현대 주거공간은 오랜 세월동안 우리를 "덜덜" 떨게 만들었던 그 빈틈을 몰아내고, 안팎을 완전히 차단하는 데 일단 성공을 거둔 것 같다.

요즘 새로 짓는 한옥도 마찬가지다. 처음부터 외벽을 두꺼운 흙벽돌로 쌓기도 하고, 아예 시멘트 벽돌에 단열재를 덧붙여서 외벽을 구성하기도 한다. 어느새 우리 주거공간에서, 틈이란 틈은 모조리 사라지게 된 것이다.

물론 현대인들의 대표적인 주거형태라고 할 수 있는 아파트에서 그 증상은 더욱더 뚜렷해진다. 외벽과 창호의 단열이 더 철저해졌고, 또 공간 구조상 위아래층과 좌우측 세대가 거의 동시에 난방을 하기 때문에, 빈틈이란 아예 찾아볼 수 없는 구시대의 유물이 되고 말았다.

자연적으로 실내는 훨씬 더 따뜻해졌다. 그래서 이제는 '깔고 덮고 끼고' 사는 것이 아니라, 마치 계절이라도 잊어버린 것처럼 생활하고 있다. 겨울인데도 아무 거리낌 없이 얇은 옷차림을 하고, 그것이 우리 현대인들의 특권인 냥 여기고 있는 듯하다.

그런데 또 다른 문제가 거기에 도사리고 있었다. 안팎이 완전히 차단되고, 천정과 바닥의 온도차이 마저 슬그머니 사라지게 되니, 기류氣流가 그만 정체되어 버린 것이다. 지난 시절, 그 틈 때문에 "오들오들" 떨며 고생했던 기억을 지워버린 것까지는 좋았는데, 따뜻하게 살겠다는 욕심이 너무 지나친 탓이었을까?

어떻게 보면 '순환의 지혜'를 잊어버린 결과일지도 모른다. 날로 치솟는 난방비 걱정과 환기를 하지 않으려는 겨울철 생활습관, 그리고 또 아파트라는 주거공간의 구조적인 문제로 인해서, 지금 우리는 실내기류가 순환되어야 한다는 그 간단한 원리를 잊어버린 것이다.

그 결과는 의외로 심각하다. 새집증후군의 출현이 그렇고, 날로 심화되어가는 실내오염문제가 그렇다. '실내공기의 질質' 뿐만이 아니라, 우리 주거공간이 제공하는 '삶의 질'이란 문제에 대해서도, 이제 심각하게 염려하고 경계해야 하는 시점에 이르게 된 것 같다.

따지고 보면 모두 다 그 바보 같은, '틈' 때문이다.

찬란한 전설

이러다가 정말 우리도, 이스터 섬(Easter Island)의 한 중간에 우뚝 서있는, 그 알 수 없는 모아이(Moai) 석상石像들처럼, 찬란한 전설을 다시 일궈낼지도 모른다.

조금만 더 높은 산에 올라가서 우리가 사는 도시를 내려다보면, 이건 정말 대단한 아파트왕국이다. 희멀건 아파트 외벽이 햇빛에 반사되어 반짝반짝 빛난다. 어떨 땐, 마치 폭설이 한꺼번에 쏟아져 만들어낸 얼음도시 같다. 그렇게 무표정해 보인다.

물론, 그건 어느 도시나 다 비슷비슷한 증상들이다. 상하좌우로 쉴 새 없이 반복되는 창호도 그렇지만, 마치 무슨 볼일이라도 있는 것처럼 옥

모아이 석상

상꼭대기에서 고개를 쭉 뽑아 올린 채, 먼 산을 바라보고 있는 '엘리베이터 탑'들에서 더욱더 그런 생각을 떨쳐버릴 수 없게 된다. 어떻게 보면, 마치 칠레 이스터 섬에 있다는 '모아이 석상'들 같다.

아니, 겉모습만 그런 게 아니다. 현관문을 열고 실내로 들어가 보면, 이건 정말 더 답답해진다. 그 안에서 매일 반복되고 있는 아침 풍경마저, 어쩌면 그렇게 다들 빼다 박았는지 모르겠다.

위아래로 똑같은 위치에 배치되어 있는 침실에서 일어나, 똑같은 발걸음을 옮겨 화장실에 들렀다가, 다시 또 똑같은 동선을 그리며 식탁 앞에 걸터앉게 된다. 그리고 아침식사가 끝나면 아파트 현관문을 열고 출근하는 것 역시 어느 한 집 다르지 않다. 이제 우리 주거공간에서, 개성이란 아예 찾아볼 수 없는 일이 되고 말았다.

물론 우리 스스로 자초한 풍경일 것이다. 마당을 쓴답시고 굳이 싸리

빗자루를 들지 않아도 되고, 또 비설거지를 한다고 여기저기 뛰어다닐 필요도 없어졌으며, 더구나 아궁이에 지필 땔감조차 준비하지 않아도 되었다. 그게 좋았다.

누가 어디에 사는지 그것조차 적당히 감춰졌고, 그저 다 비슷비슷한 아파트 평면에 '나'를 숨길 수 있어서 좋았다. 공동주택이란 때로 그렇게 편리하고 안전한 휴식처였다. 그러면서도 아파트 현관문을 닫고 들어서면, 문밖의 일은 모두 다 관리실 아저씨들의 몫으로 넘긴다. 결국 무늬만 공동주택이었던 셈이다.

그러다보니 선호하는 아파트의 조건도 지극히 단순해졌다. 프리미엄이 많이 붙고, 떠날 때 차액이 많이 생기기만 하면 그만이었다. 그 욕구를 위해서라면 주저하지 않았다. 모두 다 '공동'이라는 이름으로…….

사실 따지고 보면 그럴 때만 공동주택이었다. 근처에 무슨 소형 임대아파트가 들어선다고 하면, 마치 제 아파트 일처럼 결사반대를 목청껏 외쳤고, 이웃에서 가격이라도 깎아서 급매물로 내놓는다면 그것마저도 통제하려 들었다. 아파트 가격상승에 도움이 되는 일이라면, 그동안 잘 쓰던 아파트 명칭마저도 손쉽게 바꿔버렸다. 거칠 것이라곤 아예 없는 것처럼 보였다.

건설회사도 마찬가지다. 더 많은 이윤을 창출해내기 위해서 일부러 층 높이도 낮추고, 동일한 형태를 반복해서 양산해왔다. 또 처음 꾸며놓은 모델하우스가, 완공이 되고 나면 실제 아파트와 애매하게 달라진다. 어쩔 수 없이 분쟁이 잦아질 수밖에 없었다 그렇지만 그런 것은 아예 모른 체 하고, 그저 미끈미끈한 연예인을 등장시켜 이미지 광고에만 열을 올린다.

아파트 군상

아무리 그래도 이제 우리 도시는 아파트를 빼놓고는 생각조차 할 수 없는 지경에 이르렀다. 무슨 회원 주소록이라도 들여다볼라치면, 이건 다들 이런저런 아파트 일색이다. 그리곤 또 '몇 동 몇 호'라는 숫자로 끝을 맺는다.

정말 이러다가 혹시 우리 아파트들도, 저 이스터 섬의 그 거대한 모아이 석상들처럼, 모든 게 다 사라지고 난 뒤에 홀로 남아 있을지도 모르겠다. 언제부터, 왜, 그리고 무엇 때문에 거기에 그렇게 서있는지, 도저히 알 수 없는 수수께끼만을 가득 남긴 채······.

'어느 한때 너도나도 다들 서울로 모여들었고, 그 때문에 아파트라는 콘크리트 덩어리에 거대한 거품이 붙어서, 다들 아파트를 통하지 않고는 잘 살 수 없었다.'라는, 그 역사적인(?) 실마리를 우리 후손들이 제대로 찾아내지 못한다면 말이다.

어차피 죽을 운명

그래도 우리의 이기심은 여기에서 그만 멈출 것 같지 않다. 어떤 때에는 편한 공간만을 찾아다니는 부나비들 같기도 하고, 또 셈만 따지는 바그미들 같기도 하다. 물론, 지나친 말이다. 그런데, 오죽하면 집에 대한 가치관조차 이 지경에 이르렀을까?

 어차피 죽을 운명

집을 지을 때 '기초가 튼튼해야' 한다는 것쯤은 누구나 다 아는 상식이다. 그런데 그 기초에도 더러는 말 못할 사연이 숨어 있다. 결국 땅속에 묻혀야 하는 숙명적인(?) 한계 탓인지도 모른다. 아니 굳이 집의 기초가 아니라고 하더라도, 원래 땅 속과 사람 속은 잘 알 수 없는 존재였다. 그래서 예로부터 '열 길 물 속은 알아도 한 길 사람 속은 모른다.' 고 하

지 않았던가?

어쨌든 우리가 살고 있는 이 집은 '땅에 발을 딛고 서 있는 존재'이므로, 먼저 땅의 성질을 파악하는 것이 무엇보다도 중요한 일이다. 땅에 대한 조사가 선행되어야 한다는 것이다. 그래서 지금까지도 풍수지리 등 땅을 살필 수 있는 지혜가 총동원되기도 하지만, 마치 땅을 들여다본 것처럼 알 수 없기는 여전히 마찬가지다.

어쩔 수 없이 집을 지을 때 미리 지반地盤조사를 해보고, 기초의 형태나 구조를 결정하도록 규정하고 있다. 그런데도 간혹 돈을 더 들이지 않으려는 욕심 때문에 지반조사 시기를 놓치는 경우가 심심치 않게 발생하곤 하는데, 그게 때로는 걷잡을 수 없는 분쟁의 씨앗이 되기도 한다.

지반조사뿐만이 아니다. 집의 기초를 만들어가는 과정에서도 그동안 잠복해 있던 문제는 여지없이 불거지고 만다. 여기저기에서 '일을 쉽게 처리하려는 습성'이 툭툭 튀어나오는 것이다. 아예 땅 속에 묻히게 되므로, 굳이 제대로 만들려고 하지도 않는다. 내구력耐久力을 설명하고, 사회적인 의미까지 찾아서 더하게 되지만, 막무가내다.

아니, 집주인은 한 술 더 뜬다. 어차피 "나중에 팔 것"이란다. 지금 그걸 제대로 하기 위해서 비용을 더 들이게 되면 임대나 매매조건에서 불리하게 된다는 것이다. 그러니 그냥 넘어가자는 얘기다. 어차피, "나중에 팔 것"이라?

만일 그게 제 목숨이라도 그랬을까? 다들 어차피 나중에 다 죽게 될 목숨인데……. 그게 차이였다. 아니, 우리 사회가 지니고 있는 극심한 이중성과 이기심의 속살을 은연중에 드러낸 것이었다.

그러다가 어느 날 갑자기 처절한 사고라도 발생하게 되면, 그때에는 또 상황이 돌변한다. 다들 인재人災라고 추궁하고 사납게 몰아붙인다. 안전 불감증이라는 질타도 빼놓지 않는다. 언제나 그랬다.

그래, 우리는 확실히 지금 다들 불감증에 걸려 있는 것 같다. 집을 집으로 보지 못하고, 문화를 문화로 보지 못하는, 이 지독한 이기심 때문에……

물론, 그 일그러진 가치관이, 단순히 집을 짓는 일에만 국한되어 있는 것은 아닐 것이다. 집터를 닦는 출발부터 마찬가지였다. 택지개발이랍시고 대규모로 시행되는 사업에서도 마치 약속이나 한 것처럼, 한결같은 모방상품만을 쏟아내놓고 있다.

사라진 마을

마을 어귀에 들어서면 으레 떡 벌어진 정자나무가 그림처럼 서있었고, 그 밑으로는 아담한 평상平床이 놓여 있었다. 물론 규모가 조금 더 큰 마을에서는 제법 그럴듯한 모정茅亭까지 세워놓았다.

예전에 익히 보아왔던 우리네 마을초입의 풍경들이다. 어디나 농촌 마을은 그렇게 비슷비슷했다. 작건 크건 올망졸망한 구릉이 여러 갈래로 뻗어 내려오다가, 다시 한 번 산맥이 꿈틀거리며 반반하게 펼쳐놓은 평지에 집들이 옹기종기 모여들고, 그 앞으로는 개울이 어김없이 휘어 돌아가고 있었다. 이른바 배산임수背山臨水의 터에 취락이 형성되었던 것이다.

그래도 마을마다 그 분위기는 사뭇 달랐다. 뒷산이 더 우뚝 솟아오른 마을이 있는가 하면, 실개천이 더 유장悠長한 마을이 있었고, 좌우 청룡

마을 입구의 사랑방, 정자나무

백호의 품이 더 넉넉하게 보이는 마을도 있었다.

그래서 그런지 지금보다 집 찾기는 한결 수월했다. 아무리 초행길이라고 하더라도 우선 그렇게 서로 다른 마을 위치부터 가늠해놓은 뒤, 그 마을 어귀에 들어서서는 토담이나 울타리를 따라 일단 자박자박 걸어 들어가면 된다. 이따금 이집 저집을 기웃거려 봐도 되고, 아니면 조금 더 골목으로 접어들었다가 마주치는 그 어느 누구를 잡고 길을 물어봐도 반겨 맞는다. 그렇게 옛날 마을에서는 여기저기 공간구분이 헷갈리지 않도록 구성되어 있었고, 게다가 다들 친절하기까지 했다.

그런데 그게 지금은 그저 꿈만 같은 일이 되고 말았다. 아파트와 자동차의 변화에 맞춘 탓이리라. 올망졸망한 능선은 뭉개지고 골목길이 사라지는가 싶더니, 다시 깎고 채워져서 더 넓은 도로가 들어서고, 더 큰 도시가 되었다.

때로는 재건축이나 재개발을 통해서 수십여 개의 마을이 일시에 사라져버리기도 한다. 농지農地나 야산野山도 마찬가지다. 깎고 메워서 일단 평지平地부터 만들어놓고 시작한다. 그러면 마치 바둑판같이 깔끔하게 구획정리가 되어 나타난다.

그런데 그렇게 출현하기 시작한 택지개발지역은, 어디에서나 도통 개성을 찾아볼 수 없는 마을이 되고 말았다. 택지는 택지대로, 상가나 공공용지는 또 그 나름대로, 마치 방금 뚝 잘라낸 두부처럼 똑같이 나눠지게 된 것이다. 심지어 도로와 공원도 다른 지역과 구별하기 힘들게 되어 있다.

그 택지개발지역에 집이 들어서고, 마침내 어느 누가 입주入住를 해서 혹시 그 집이라도 찾아갈라치면, 이건 이만저만한 고역이 아니다. 그때마다 별 수 없이 이리저리 헤매다가 찾아가게 되지만, 그건 그 다음 방문

때도 역시 마찬가지였다. 다시 또 몇 번을 돌아야 했다.
"차라리 아파트라면, 집 찾기가 쉬웠을 텐데……."
주택가에서 목적지를 잘 찾지 못하는 것은, 비단 길눈이 어두운 어느 한두 사람만의 문제가 아니다. 새로 조성되는 주택지마다 그저 간단한 랜드 마크(land mark) 하나 미리 마련해두지 못한 탓이리라.
그런데도 여러 공공기관에서 시행하는 택지개발은 지금까지의 개발방식을 그만 멈출 것 같지는 않다. 마치 바둑판처럼 전후좌우로 그어놓은 지적경계선에 따라서, 일괄적으로 도로들을 쭉 나열하고, 또 거기에 따라서 택지를 그만그만하게 구획해놓는다.
집을 짓는 것도 마찬가지다. 미리 만들어놓은 택지의 규모와 형태에 맞추다보니, 집도 달리 뭐 뾰족한 방법을 찾을 수 없게 된다. 아니, 매매조건이나 임대편의를 내세운 집주인이나 집장사들의 거친 요구를 이겨내지 못한 탓일 수도 있다. 또 일조권이나 도로 사선제한이라는 건축법에 지레 갇혀버린 탓인지도 모른다. 마치 복사물처럼 그저 택지공간을 가득 채우고 있을 뿐이다.
물론 거기에는 사업시행자들의 익숙한 '계산'이 깔려 있는 듯하다. 우선 수익을 맞추기 위해서, 지형조건상 어쩔 수 없이 전개되는 자연구릉이나 저류지低流地가 나타나더라도, 일단 깎고 채우고 나서부터 시작하게 된다. 어차피 도로나 공원용지를 빼고, 또 당초 토지소유자에게 돌려줘야 할 환지換地까지 제외하고 나면, 실제 공급 가능한 택지가 별로 없다고 둘러대기도 한다.
그래서 아직도 우리는 여전히 아파트 용적률에 조바심을 내고 있으며, 또 실제 공급 가능한 택지의 숫자에 정신이 팔려 있다.

그런데 정말 가만히 생각해볼 일이다. 우리에게 중요한 게 그것뿐이던 가? 우리도시도 이제 그만 욕심을 털어버리고 '경관'이라는 새로운 소재를 들춰내야 할 때가 되지 않았을까? 더구나 올망졸망한 야산野山이 즐비하다면, 그게 오히려 더 황송한 우리의 지형조건이 아닐까?

작은 산줄기가 좌우로 다정하게 감아놓은 그 사이에 꼭 그만한 마을을 만들고, 그 단위마다 특성과 개성을 부여한다면, 이건 지금처럼 어디가 어딘지 좀체 구분할 수 없는 지금까지의 맹도盲都[3]에서 벗어날 수 있게 된다. 아니, 그게 우리 도시의 새로운 발전방향일 수도 있을 것 같다.

통행료

그런데 예전에는 아무 문제도 되지 않았지만, 요즘 자연지형의 집터에서는 이런저런 문제들이 심심찮게 불거지곤 한다. 대부분 이웃집과의 경계나 진입도로가 말썽을 부리게 되는 것이다. 불분명했기 때문이다.

도로에 접하지 않은 땅을 보통 맹지盲地라고 하는데, 앞이 보이지 않는 사람을 맹인盲人이라고 한데서 유래된 말이다. 앞이 보이지 않으니 답답할 노릇이다. 땅도 마찬가지였다. 도로에 접하지 않았으니, 일단 그 대지에 진입할 수 없는 것은 물론이고, 또 당연히 건축허가도 받을 수 없게 된다.

그래서 따로 길을 만들어야 했다. 이른바 사도私道인 셈이다. 대부분의

---

[3] 도로에 접하지 못해서 진입할 수 없는 땅을 맹지盲地라고 한다면, 비슷비슷한 형태의 택지개발 지역에서 길을 쉽게 찾을 수 없는 도시를 맹도盲都라고 할 수 있지 않을까?

도로가 공도公道인 것에 비해서, 일종의 개인도로를 하나 더 만들어야 하는 것이다.

그런데 공공성격을 지녀야 하는 도로가 개인소유라니? 문제는 거기에 잠복하고 있었다. 그래서 그런지 사도에 얽힌 이해관계는 때로 아주 복잡한 문제로까지 번져 있는 것을 발견하게 된다.

어쨌든 아무리 도로라고 하더라도, 그게 개인소유의 땅이라면 그 사용에 대해서는 소유자의 동의를 받는 게 마땅하다. 아니, 그래도 불특정 다수가 통행할 수 있도록 만들어놓은 엄연한 도로인데, 그걸 사용하겠다고 다시 또 동의를 받아야 하다니? 이럴 수도 없고 저럴 수도 없고, 참 복잡해진다.

그런저런 갈등 끝에, 사도私道에만 접해 있는 대지垈地에서 건축허가를 신청할 경우, 미리 그 소유자의 '도로 사용승낙 동의서'를 첨부하도록 하고 있다. 분쟁을 미리 차단하겠다는 의도다.

그렇다고 문제가 말끔히 해결된 것은 아닌가보다. 일부 골목에서는 여전히 쇠말뚝과 쇠줄을 쳐서 사람이나 차량의 통행을 차단하고 있다. 심지어 사용을 제한하겠다는 섬뜩한 경고판까지 붙여놓았다. 지금은 어쩔 수 없이 지목地目이 '도로'로 지정되어 있다고 하더라도, 그건 엄연히 개인소유의 땅이므로 그 사용을 제한하겠다는 일종의 경고라고 할 수 있겠다.

건축허가를 받을 때는 서슬 퍼런(?) 건축법 때문에 별 수 없이 도로로 내주긴 했지만, 굳이 일반인에게까지 제공하지 않겠다는 주장이기도 하다. 그렇다면 그게 건축허가를 받기 위한 임시도로(?)였단 말인가?

그런데 문제는 거기에만 국한되어 있는 것이 아니었다. 좁은 도로 폭을 확보하기 위해서, 건축허가 때 새로 지정해놓은 '도로폭 확보선'에 대해서도, 일부 집주인들은 그걸 그냥 놔두려 하지 않는다. 사용승인(준공)이 끝나기가 무섭게, 그 지정부분에 마치 보란 듯이 다시 담장을 내쌓고 또 대문도 설치해놓는다. 이유야 어찌되었든지 그건 엄연히 '내 땅'이라는 항변이다.

그렇게 되면 건축허가를 빙자해서(?) 도로폭을 확보하려던, 건축법의 당초 취지는 졸지에 무색해지게 된다. 결국 차량이 들락거리는 것도 어렵게 되고, 보행인의 통행마저도 불편하지 않을 수 없게 되었다.

물론, 개인소유의 땅에, 언제 어떻게 만들어졌는지도 모를 그 건축법을 들이대면서 마치 칼로 두부 한 귀퉁이를 싹둑 잘라내듯, 사유지私有地를 도로용지로 잘라 내놓으라는 발상에도 문제는 많다.

그래도 건축허가를 받으려니 그저 꾹 참고 건축법이 시키는 대로 따를 수밖에 없긴 했지만, 한번 당해본 집주인마다 불만이 하늘로 솟구친다.

"무슨 놈의 건축법이……?"

그 억울함 때문에 도로에 쇠말뚝도 박고, 쇠줄도 치고, 또 그렇게 위협적으로 경고장을 써 붙여놓았는지도 모른다.

그래서 일부에서는 그저 두 눈 딱 감고 아예 도로사용료를 받기도 한다. 건축허가 때마다 제 도로를 활용하는 사람들에게서 사용료를 일시불 一時拂로 받겠다는 것이다. 일종의 통행료라고도 할 수 있다. 도로를 막지는 못하겠고, 그렇다고 그냥 내주자니 아까웠던가보다.

하긴 공도公道인 고속도로에서도 그 위에 아주 그럴듯한 톨게이트 박스를 지어놓고 통행료를 받고 있으니, 자기 땅에 쇠말뚝을 박고 통행을 제한하거나 도로 사용료를 받는다고 해서, 그 사람만 나무랄 일도 아닌 것 같다.

셋. 아낌없는 배려

저미는 아픔

사랑은, 서로 맞추는 것이다. 눈을 맞추고, 높이를 맞추고, 시간을 맞추고, 또 생각을 맞추다가, 마침내 마음까지 맞춰내는 것이다.

물론 쉬운 일은 아니다. 그게 만만했더라면, 동서고금을 막론하고, 이런저런 사랑타령이 그렇게 요란하지도 않았을 것이다. 사랑의 한복판에서 몹시 지치고 힘들 땐, 다들 넋두리도 마다하지 않는다.

"차라리 아메바와 같은 단세포였더라면……."

"그래, 그러면 음양구분도 없이 얼마나 간단했을까?"

"굳이 제 짝을 찾으려 헤맬 필요도 없었을 테고, 세상의 이 온갖 부작용도 그만큼 덜어졌을 텐데……."

아니, 굳이 사랑이 아니더라도, 서로 '잇고 맞추는' 것 자체가 그만큼 어렵다는 얘기다.

그런데 지금 우리가 살고 있는 이 '집'은 그렇지 않았다. 그저 톱으로 잘리고, 끌로 도려내지다가, 또 때가 되면 망치로 흠씬 두들겨 맞는 과정을 거쳐서 만들어지는 것이 타고난 제 팔자였지만, 그 깊이는 우리들과 사뭇 달랐다.

집은 다들 아주 깊고 깊은 사랑 속에서 만들어지게 된다. 우리 사람처럼, 서로 드러난 조건만 맞추려고 일부러 애쓰지도 않았다. 아니, 오히려 먼저 제 몸을 먼저 과감하게 도려낼 줄을 알았다.

사랑을 위해서 제 몸마저 도려내다니? 물론 그 저미는 아픔 속에서도, 집은 사랑의 길을 한 치도 벗어나지 않았다. 쉽게 흔들리고 휘둘리는 요즘 우리네 사람 사는 세상하고는 감히 비교조차 할 수 없었다.

이음과 맞춤

무엇이든지 변함없이 하나로 쭉 연결되어 있으면 좋으련만, 세상은 그런 게 아니었던가보다. 쉽게 변하고, 또 자주 바뀌게 된다. 그리고 그 변화과정에는 항상 이도저도 아닌, 그저 애매모호한 중간단계가 존재하기 마련이다.

아침 해가 밝아오기 직전에는 낮도 아니고 밤도 아닌, 어슴푸레한 새벽이 기다리고 있고, 매서운 한파寒波가 몰아치는 긴 겨울이 지나고 나면, 그 사이엔 또 환절기換節期라고 하는 어중간한 단계를 거쳐야만, 비로소 봄이 찾아오게 되는 것이다.

그런데 살다보면, 그 중간 전이轉移단계에서 곧잘 문제가 생기곤 한다. 감기도 정작 추운 겨울보다는 환절기에 더 잘 걸리고, 사람도 나이가 들면 뼈마디 자체보다도 관절에 더 쉽게 통증이 찾아오며, 노인들도 비교적 그 성격이 뚜렷한 봄, 여름, 가을, 겨울보다는 요즘 같은 환절기에 쉬이 생명의 끈을 놓게 된다.

아니, 생명체만 그런 것은 아니다. 지금 우리가 살고 있는 이 주거공간에서도 마찬가지다. 연속되는 면面이나 선線보다는, 그 이음접합부에서부터 먼저 문제가 발생하기 시작한다. 요즘 콘크리트 집이야, 나선형 돌기를 가진 철근 수십 가닥을 겹쳐서 강하게 묶어놓고, 굳으면 돌처럼 단단해지는 레미콘을, 마치 폭포수처럼 들이붓는 것으로 그 소임所任을 다하고 있지만, 목재로 짓는 옛날 우리네 집들은 그렇게 간단한 게 아니었다.

그래서 각기 다른 부재가 만나게 되는 접합부마다, 목수는 나름대로 살을 도려내는 희생을 전제로 해서, 각 부재를 서로 잇고 맞춰나갔던 것이다. 그래서 기둥과 보, 그리고 보와 도리가 만나는 접합부마다, 정말 보기 민망할 정도로 그들의 몸을 도려내놓았다. 그래도 목재는 한마디 불평도 없이 참고 기다릴 줄 알았다.

어떤 땐 마치 새끼손가락 걸며 내일을 약속하는 소년소녀들 같기도 하고, 또 어떤 땐 서로 헤어지기 싫어서 꽉 끌어안은 채 영원히 풀을 줄 모르는, 어느 연인들의 애틋한 포옹장면 같기도 하다.

아무리 그래도 우리 사람들이라면 차마 그렇게까지 하지는 못했으리라. 날 좋아할지도 모르고, 또 나와 맞춰질지도 모르는데, 내 몸부터 먼저 도려내놓고 기다리라니? 그건 바보나 하는 짓이었다.

그래, 정말 바보였는지도 모른다. 목수木手의 계사에 따라서, 희멀건 제 속살을 아낌없이 그만 다 내주고 말았으니……! 기둥과 보, 또 도리와 대공은 정말 바보였던 셈이다.

서로 잇고 맞춰진 사랑

그러한 자기 희생과정을 걸쳐서 부재 마디마다 '잇고 맞춰진' 주먹장이음이나 엇걸이이음 그리고 턱솔맞춤이나 연귀맞춤, 안장맞춤, 숭어턱맞춤이 만들어지게 된다. 그 과정을 알고 나면 그저 지켜보는 것만으로도, 절로 숙연해지지 않을 수 없다.

옛날 우리네 집은 그렇게 이음맞춤 마디마다 서로 먼저 덜어낼 줄을 알았고, 또 그 덜어낸 만큼 상대를 받아들여서, 더 강한 '하나'를 만들어 왔던 것이다. 그 전통적인 결구結構방식의 한가운데에 이음맞춤이라는 거룩한 사랑이 자리 잡고 있었다.

그렝이질[1]

  서로 몸을 맞대고 살을 부대끼는 이음맞춤에서만 그랬던 것은 아니다. 발을 디디고 서있는 기초에서부터, 마치 사랑을 운명처럼 받아들일 줄을 알았다. 태생적으로 제 구조방식이 약할수록 그 사랑은 더욱더 굳건하고 장엄해보였다.

  흔히 가장 튼튼한 구조물로 알고 있는, 철근콘크리트구조나 철골구조의 기둥은 보통, 기초에 단단하게 정착되게 된다. 시쳇말로 기초와 기둥은 죽어도 같이 죽고, 흔들려도 같이 흔들리는 운명공동체인 것이다.

  그런데 옛날 우리네 집은 그렇지 않았다. 기초가 되는 주춧돌은 말 그대로 석재고 기둥은 목재이다 보니, 이게 구조적으로 도저히 한 몸이 될 수 없는 처지였다. 그렇다고 해서 그냥 기둥을 주춧돌 위에 얹혀놓자니 넘어질까 불안하고, 그 둘을 강하게 결박하자니, 딱히 또 묘수가 떠오르지도 않는다.

  그래서 생긴 게 그렝이질이라고 하는 결구結構방식이었다. 어떻게 보면 그렝이질은, 제 스스로 존립하고 싶어하는 기둥이 주춧돌에게 의지하는 꼴이 된다.

  그래도 원래 기둥은 그렇게 염치없는 존재가 아니었나보다. 그냥 부탁만 하는 것이 아니라, 제 몸의 일부를 주춧돌의 형태에 맞게 도려내는 아픔도 마다하지 않는다. 기둥이 먼저 그렇게 나오자 주춧돌도 차마 거절

---

1 주춧돌의 표면에 맞게 기둥 밑 부분을 깎는 것으로서, 글겅이질의 사투리.

그렝이질로 한몸이 된 기둥과 주춧돌

(?)하기가 힘들었을 것이다.

주춧돌 윗면의 형태에 따라 금[線]을 그리고, 그 그려진 금대로 목수가 '기둥밑 부분'을 도려내놓으니, 자연적으로 주춧돌의 윗면과 기둥뿌리는 마치 찰떡궁합처럼 잘 맞아떨어지게 된다. 그것을 그렝이질이라고 한다.

알고 보면 뭐 별것도 아니다. 그런데 그게 그 육중한 기와지붕과 대들보, 도리, 그리고 서까래 등의 주요부재를 흔들림 없이 지탱해주는 비밀이 된다.

그러나 그러한 주춧돌도 형태가 모두 제각각이다. 그래서 그렝이질하는 과정을 보면, 목수가 일일이 주춧돌의 모양에 따라서 본을 잘 뜨는 게 첫째다. 그리고 그 그려진 금대로 기둥 밑부분을 끌과 칼로서 정성스럽게 파내야 한다.

그러다 보니 어느 기둥 하나도 그 '기둥뿌리'가 똑같은 게 없었다. 그래도 그렇게 해야만 한다. 그래야 건축물이 흔들리지 않고, 굳건하게 제

각각 서있을 수 있기 때문이다.

　어찌 보면 우리네 세상살이하고 비슷하다. 서로 자라온 환경이나 성격이 전혀 다른 두 사람이 만나서, 한 가정을 세워나가는 과정과 아주 흡사하다고 할 수 있겠다.

　그런데 기둥과는 달리 우리 사람들은 정말 '하나가 되기 위해서' 그렇게 헌신하지 않는다. 또 과감하게 제 몸을 도려낼 줄도 모른다. 아니, 제 몸을 도려내기는커녕 반대로 주춧돌이 반듯하게 다듬어지지 않았다고 책망하기 일쑤다. 심지어 주춧돌을 바꾸어 오라고 하기까지 한다. 그렇게 되면 시쳇말로 정말 '막가자는 얘기'가 된다. 타고난 본래 제 처지나 역할은 아예 망각해버린 것 같다.

　그래서 때로는 양보할 때 쉽게 양보할 줄 알고, 또 덜어내줘야 할 때가 다가오면 조금도 망설임 없이 덜어내버리는, 저 무심한 기둥에 그렇게 자꾸만 더 눈길이 가는 것인지도 모른다.

메시지

 금줄

지금은 사라진 풍경이 되고 말았지만, 옛날에는 출산出産을 하게 되면, 우선 대문간에 금줄부터 내다 걸었다. 아들을 낳으면 고추를 끼워 내달고, 딸을 낳으면 숯을 내달았다. 집안의 경사에 대한 자랑이자, 출입을 삼가라는 일종의 메시지였던 것이다.

그런데 금줄은 출산을 했을 때에만 걸어두는 것이 아니었다. 송아지나 돼지새끼를 낳아도 금줄을 내다 걸었고, 갖은 정성을 들이던 마을 당산나무나 서낭당 돌무덤에도 으레 금줄을 둘러놓곤 하였다. 그것뿐만이 아니다. 집안에서는 된장이나 고추장을 담그고 나서도, 그 장독 둘레에 금줄 치는 것을 잊지 않았다.

금줄은 보통 세 이레 동안 치게 되는데, 금줄을 내다 걸면 그 근방 사람들조차 근신謹身을 하게 되고, 부정한 곳의 출입을 서로 삼갔다고 한

대문간에 내걸린 금줄

다. 어쨌든 금줄은 그렇게 '금지禁止'라고 하는 강한 메시지를 전달해주고 있었던 것이다.

생각해볼수록 참 대단했다. 그리고 요즘 신종 인플루엔자(Influenza A virus subtype H1N1)[2]의 급속한 감염속도를 보면, 그 지혜에 절로 고개를 끄덕거리지 않을 수 없게 된다. 사람끼리의 제2차 접촉이 얼마나 무서운 것인지, 미리 알고 예방했던 것 같기 때문이다.

그런데 금줄에 왜 하필 숯을 매달았을까? 아마, 숯의 이미지를 차용借用하였던 것 같다. 숯은 공기를 정화하는 기능이 있을 뿐만 아니라, 비록 그 크기가 작다고 하더라도 상대적으로 표면적이 크기 때문에, 금줄에 매단 숯이 산모産母와 신생아를 해로운 미생물로부터 보호할 수 있었다는 것이다. 댓잎이나 솔가지를 금줄에 꽂아두었던 것도 그 상징성 때문

---

2 사람, 돼지, 조류 인플루엔자 바이러스의 유전물질이 혼합되어 있는 새로운 형태의 바이러스로서, 2009년 4월 멕시코와 미국 등지에서 발생한 뒤, 아메리카, 유럽, 아시아 대륙의 여러 나라로 확산되었다.

이었다.

일반적으로 새끼는 오른쪽 방향으로 비벼 꼬게 되는데, 금줄로 내건 새끼줄은 모두 다 왼쪽으로 꼬아놓은 새끼였다. 그것도 아마, 지금까지 와는 다른 상황이 발생했으므로 "주의하고 살피라"는 의도였을 것이다. 도깨비하고 씨름을 할 때도, 갑자기 왼쪽으로 돌려야 넘어뜨릴 수 있다고 하지 않던가?

그런데 다른 것은 하지 못하도록 금지하면 더 하고 싶고, 막상 당하고 나면 불쾌해지게 되는데, '출입금지'라는 강한 메시지를 전달받고도 금줄 앞에만 서면 그저 슬그머니 웃음이 나오게 되고, 그래서 가뿐한 마음으로 되돌아 나올 수 있었다.

더 소중한 것을 위해서, 서로 양해하고 참으며, 또 아무 소리 없이 집안소식까지 전해주던, 그 금줄……! 그것은 우리에게 새 생명의 영접을 처음 알리는, 거룩한 사랑의 메시지였는지도 모른다.

 발

금줄이 내부의 상황을 밖으로 드러내는 것이라면, '발'은 되레 감추는 것이었다. 그런데 그 방식이 참으로 희한하다. 완전히 차단하는 것이 아니라, 숨통은 살짝 트여 놓았다. 물론, 발의 속성 때문이었다.

우선, '발'은 갈대나 가늘게 쪼갠 대나무를 줄로 나란히 엮은 다음, 길게 늘어뜨린 것으로서, 주로 시선視線을 가리고 감추는 데 사용하였다. 가끔 역사에 등장하는 수렴청정垂簾聽政도, 살짝 드리운 이 '발'에서 유래하였다고 하니, 의미심장한 소품이 아닐 수 없다.

옛날 왕조시대에 왕이 어린 나이로 즉위하게 될 경우, 그 모후母候나 대비大妃가 왕을 대리해서 정사政事를 돌보게 된다. 그때 그 앞에 발을 내리고 신하들을 접견했다고 해서, 수렴청정垂簾聽政이라고 했다는 것이다.

수렴청정으로 유명한 사람은, 조선 초기 예종의 모후 정희왕후貞熹王后였다. 막강한 권력을 행사하던 세조가 죽고 당시 14세의 어린 예종이 즉위하자, 권력의 공백을 우려한 왕실에서는 급히 정희왕후가 정치 일선에 나서게 된다.

그런데 즉위 1년 만에 예종마저 급서急逝하게 되고, 그의 조카 성종이 13세의 어린 나이로 다시 또 즉위하자, 정희왕후는 수렴垂簾을 한 권좌에 7년 동안이나 더 눌러앉게 된다. 어쩌면 왕위에 오르지 못하고 요절한 남편의 한恨을 대신 풀게 된 것인지도 모른다.

물론, 거기에서만 그친 것이 아니었다. 명종 때 문정왕후文定王后와 선조 때 인순왕후仁順王后, 그리고 순조 때 정순왕후貞純王后도 수렴청정에서 결코 빼놓을 수 없는 인물들이었다.

또 순조가 죽고 당시 세손이었던 헌종이 즉위하자, 그의 할머니 순원왕후純元王后가 수렴을 시작하게 되었는데, 복도 많았던지(?) 당시 강화도령으로 세상물정 모르던 철종까지 모셔다가 보위寶位에 앉혀놓곤, 몇 년 더 수렴청정을 연장하게 된다.

고종 때에는 새롭게 조대비趙大妃라는 인물이 등장하여 2년 동안 수렴청정을 하다가, 마침내 고종의 생부生父인 흥선대원군에게 정권을 넘겨주게 되는데, 그러면서 왕권은 결말의 거센 소용돌이 속으로 휩쓸리게 되고 말았다.

혹시 그게 '발'의 속성 때문은 아니었을까? 직접 응시하지 않고, 또 완전히 차단하지도 않은 채, 성근 발이 드리워진 근정전勤政殿 보좌에 왕과 나란히 높이 앉아서, 이른바 훈수정치를 하고 있었으니, 그 결말은 어쩌면 예고된 것이었는지도 모른다.

어쨌든 '발'이 수렴청정이 아닌, 우리 실생활로 다가오면 그것은 때로 아주 유용한 생활소품으로 바뀌게 된다. 세련되고 투명한 유리와는 달리, 마치 한지를 바른 창호지처럼 빛과 소리를 어르고 걸러서, 마침내 그들을 발효시켜 놓은 듯 했다

열어젖히기는 해야 하는데 다 보여주기 곤란할 때, 그때 창문에 드리워졌던 '발'은 그렇게 우리 주거공간에서 차단을 겸한 일종의 소통疏通 장치였다.

요즘도 찌는 듯한, 여름 무더위에 창문에 살짝 드리워진 '발'을 가끔씩 볼 수 있는데, 그럴 때마다 그 수렴垂簾 너머 풍경이 절로 궁금해지곤 한다. 혹시 처결을 앞둔 서슬 퍼런, 어느 대비마마의 속마음이 시공時空을 초월한 채, 지금까지 그 발에 슬그머니 투영되어 있는 것은 아닌지……

아낌없는 배려

 위안의 공간

  지금은 남자도 주방에 들락거리고 전업주부가 되는 세상이 되었지만, 옛날 부엌은 우리 어머니와 할머니 그리고 그 할머니의 할머니 때부터 여인만의 전용공간이었다. 구들방의 구조 때문에 어쩔 수 없이 낮게 만들어진 부엌 흙바닥에서, 옛날 우리네 여인들은 부엌 빗장을 걸어 잠그고 고된 일상을 스스로 위로하며 살았던 것이다.

  그래서 때로 부엌은 시집살이 설움에 남모르게 눈물을 훔치는 위로의 공간이 되기도 하였고, 부뚜막에 맑은 정화수井華水를 떠놓고 먼 길 떠나는 아들딸을 위해서 정성을 다하는 공간이 되기도 하였으며, 목욕탕이 따로 없었던 그 옛날에는, 이슥한 야밤을 골라 여인들이 부엌문을 닫아걸고 목욕을 하는 은밀한 공간으로 변신하기도 하였다.

  또 아궁이에 불을 지피다가 부지깽이로 바닥에 글을 쓰고 그림을 그리며 배우지 못한 한을 달래던 공간도 부엌이었고, 농사일이 바쁜 시절에는 그냥 그 자리에 쭈그리고 앉아서 허겁지겁 밥을 삼키던 공간도 다름 아닌 부엌이었다.

울퉁불퉁하게 생긴 흙바닥과 시커멓게 그을린 벽면을 따라 나뭇가지로 대충 얽어서 만든 '살강' 때문에 어떤 때는 비위생적이라고 핀잔을 받기도 하고 업신여김을 당하기도 하였지만, 부엌은 옛날 우리 살림집에서 그렇게 여인만의 전유공간이었던 것이다.

옛날 그 부엌이 지금 우리가 살고 있는 아파트에서는 번듯한 싱크대와 둥그런 식탁으로 대체되었다. 또 장차 미래의 주택은 지금까지보다도 훨씬 더 복잡다단한 홈오토메이션(home automation)으로 무장을 하게 된다고 한다. 전화선을 이용하여 각종 기기들을 제어하는 원격관리시스템으로 설계의 초점도 변화해가고 있다. 어느 광고에서처럼 정말 스위치 하나만 누르면 시간에 맞춰 전기밥솥이 취사를 해주고, 그날 분위기에 따라서 옷도 골라주고, 씻어주기까지 할 것이다.

그 결과 이제 주방은 가사노동의 해방구가 되었고, 취사와 식사를 하는 단순한 공간으로 변질되었다. 옛날 우리 어머니들처럼 가족을 위해서 정성을 드리고, 고단한 일상에서 잠시 벗어나 스스로 위안을 받던, 그러한 여성 전용공간은 이제 우리 곁에서 찾아볼 수 없게 되었다.

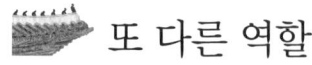 ## 또 다른 역할

그러한 부엌이 한 집안의 살림을 관장하는 장소라서 그랬던지, 예로부

터 부엌은 다른 어느 공간보다도 더 신성시되었다. 그래서 부엌에서는 지켜야 할 금기禁忌도 많았다. 더구나 안팎에서 이리 채이고 저리 부대끼던 아낙네들의 보금자리였던지라, 갖은 애환이 송두리째 녹아 있는 공간이기도 하였다.

옛날 부엌에는 대부분 솥이 나란히 두세 개 걸려 있었다. 밥을 짓는 솥과 국물을 끓이는 솥이 각각 따로 있었고, 또 물을 끓이는 솥도 별도로 옆에 걸어놓았다. 그리고 그 솥 밑에는 모두 다 아궁이가 입을 "쫙악~" 벌리고 있었으며, 그 아궁이 한쪽으로는 불을 땔 때 쓰던 부지깽이와 땔감이 얌전하게 마련되어 있었다.

그런데 그 아궁이 앞에 쪼그리고 앉아서 불을 땐다고 해서, 처음부터 불이 저절로 활활 타오르는 것은 아니었다. 어떤 때는 부지깽이로 땔감을 허적거리면서 공기의 통로를 만들어 불씨를 살려야 했고, 그게 제대로 안 되면 어쩔 수 없이 연기를 마셔가며 아궁이 속으로 쉬지 않고 "후~, 후~" 입김을 불어넣어야만 했다. 그것뿐만이 아니다. 때로는 불똥이 "톡톡" 튀다가 마른 나뭇가지로 갑자기 불이 옮겨 붙기도 한다.

그래서 부엌에는 처음 들락거리는 출입문에서부터 불에 대한 액막이를 하지 않을 수 없었다. 물을 의미하는 수水나 해海라는 글자를 써서 문에 거꾸로 붙여놓는 것이었다. 혹시 집안에 불이 붙더라도 글자모양처럼, 물이 위에서 쏟아져 내려와, 불을 꺼달라는 간절한 염원을 담아서……

물론 그것으로만 그친 것은 아니었다. 부엌을 관장하는 조왕신[3]을 따로 또 모셔두었다. 그래서 집안에 큰 일이 있거나 무슨 변화가 생길 때

---

3 부엌을 맡고 있다는 신으로서 조신竈神, 조왕각시, 조왕대신, 부뚜막신, 조왕할멈이라고도 한다.

면, 으레 밥솥이 걸려 있는 뒤편 중방中枋 근처나 부뚜막 한쪽에 조왕중발竈王中鉢[4]을 올려놓고, 매일아침 맑은 샘물을 길어다 떠올리며, 온갖 정성을 다했던 것이다.

그러한 믿음이 있었기에 다소 불편하더라도 함부로 부뚜막에 걸터앉지도 못하게 했고, 발을 딛고 올라서지도 않았다. 또 밥솥 아궁이에 불을 지필 때에는 나쁜 마음도 품지 않으려 애를 썼고, 말도 함부로 입 밖으로 내지 않았다.

그런데 조왕신이 그렇게 대접만 받는, 몰염치한 가신家神은 아니었나 보다. 아침마다 제일 먼저 저를 찾아주는 아낙네의 마음을 스스로 헤아릴 줄도 알았다. 아낙네의 몸과 마음이 힘들 때면 얼른 부뚜막에서 내려와(?) 말없는 동무가 되어주곤 하였던 것이다.

그래서 때로는 본의 아니게 푸념과 넋두리를 들어주기도 했고, 또 때로는 불끈 치솟아 오르는 화를 한순간 참지 못한 아낙네가 그만 냅다 부엌바닥을 두들겨 패는 부지깽이의 분풀이 대상이 되기도 하였다.

그렇게 부엌은, 노래방이 따로 없었고 술집도 따로 없었던, 까마득한 옛날부터 우리 아낙네들의 스트레스를 어루만져주고 풀어주는 우리 여인들만의 살뜰한 공간이었다.

---

4 조왕신에게 드릴 정화수를 떠놓는 그릇.

자리끼

한때 다방茶房이 성행하던 시절, 그때 아침에 내주는 커피는 '모닝커피'라고 해서 조금 색달랐다. 아침부터 그냥 시키면 커피만 내놓기에는 조금 미안했었나보다.

물론 지금과 같은 세련된 모닝커피가 아니라, 그냥 그 쓰디쓴 커피에다가 계란 노른자 하나를 정성껏 풀어놓고, 참기름 몇 방울을 "톡톡" 떨어뜨려 주는 것이 전부였다. 간단했지만, 아침 해장解酲치고는 의외로 거뜬했다. 뭇 손님들이 오고가는 다방에서도 옛날에는 그렇게 남의 '속'까지 살펴주었던 것이다.

우리 부엌에서도 마찬가지였다. 아침부터 잠자리까지 정성을 들이고 살피는 공간이었다. 이른 아침 부뚜막에 정화수井華水를 떠놓는 정성에서부터, 아궁이에 불을 지피고 거기에서 하루 세 끼 끼니를 준비하다가, 마침내 밤이 이슥해지게 되면 자리끼까지 마련해두었다.

자리끼란 '잠자리'와 '끼니'라는 말을 합친 것으로서, 마치 끼니처럼 잠자리에 들 때 거르지 않고 준비해두는 물이라는 뜻이다. 매일 밤, 잠자는 머리맡에 물을 떠놓다니?

물론, 자리끼는 잠을 자다가 갈증이 나면 우선 마시라고 준비해둔 물이다. 그런데 거기에는 집안 식구들에 대한 배려가 숨어 있었다. 사랑의 마음이 담겨 있었던 것이다.

지금은 에어컨으로 냉난방을 하게 되므로, 굳이 그럴 필요까지는 없어졌지만, 옛날에는 그렇지 못했다. 아궁이에서 직접 장작불을 지피고, 거

머리맡에 다소곳이 놓아둔 자리끼

기에서 달구어진 구들로 난방을 해야 했으므로, 방바닥은 뜨끈뜨끈했지만 실내공기는 쉽게 건조해지곤 하였다.

때론 방바닥 아랫목이 시커멓게 그을릴 정도였다. 일부러 습도조절을 하지 않을 수 없었다. 그렇다고 한겨울에 방문을 활짝 열어둘 수도 없는 일이었다. 그래서 방안에 잦은 빨래를 걸어두기도 하고, 작은 대접에 냉수를 떠놓기도 하였다. 그때 그렇게 머리맡에 놓아둔 것이 바로 그 '자리끼'였다.

잠자리에 들기 전, 이부자리를 살피고 자리끼까지 챙겨놓은 뒤, 밤새 편안 무탈하기를 바라며 물러나오는 그 마음! 어쩌면 그게 밤에 떠놓는 또 다른 정화수였는지도 모른다.

이름 없는 그들

쐐기

우리 사람의 몸에는 수분이 약 60% 정도를 차지하고 있다고 한다. 사람만 그런 것이 아니라, 풀도 그렇고 나무도 그렇다. 거의 모든 생명체는 그렇게 많은 부분을 사실상 물에 의지하고 있다. 수水, 화火, 목木, 금金, 토土라고 하는 오행五行 중에서도 아마 물이 더 중요한 생명의 선행요소라서 그랬는지 모르겠다.

그런데 그러한 물이, 우리 살림집에서도 아주 중요한 역할을 담당하고 있었다. 물이 없이는 집을 지을 수도 없지만, 또 반대로 물이 하자瑕疵의 원인으로 돌변하는 경우도 심심찮았기 때문이다. 덧대고 포개고 또 잘 짜 맞춰지도록 흙이나 목재를 주요소재로 설계하는 생태건축의 경우, 그 정도는 생각보다 훨씬 더 많은 비중을 차지하곤 하였다.

대부분의 자연소재들은 콘크리트나 플라스틱처럼 습도변화에 초연한 것이 아니라, 대기 중의 수분함유량에 따라서 쉴 새 없이 신축팽창을 거듭하게 되어 있다. 어떻게 보면 재료가 '숨을 쉬고 있는 증거'라고 쉽게 생각할 수도 있다. 그러나 갈라지고 벌어지고 뒤틀어져 있는 모습을 직접 보게 되면 그게 그렇게 간단하게 보이지만은 않는다.

그래도 한옥에 살다보면 이러한 상황들을 자주 직면하게 되는데, 봄가을의 건조한 날에는 목재의 이음맞춤부분에서 저절로 틈이 벌어지게 되고, 그래서 걸어 다닐 때마다 마룻장이 삐거덕거리는 소리도 종종 듣게 된다. 또 고온다습한 장마철엔 반대로 문틈이 빽빽해지고 잘 여닫혀지지가 않아서 애를 먹는 것도 한두 번이 아니다. 물론, 이 모두가 흙이나 목재가 맑은 제 피부를 통하여 대기 중의 습기를 빨아들이고 내뿜느라 벌어지는, 어쩌면 너무나 자연스러운 현상들이라고 할 수 있다.

그러나 아무리 그렇다고 해도 그걸 눈앞에서 그냥 지켜보고만 있을 수는 없는 일이었다. 그래서 옛날에도 집을 지을 때에는 어쩔 수 없이 마침내 제 모습을 드러내고 마는 그 틈을 메우기 위하여 온갖 공을 들였고, 그것도 안 되면 그 자리에 결국 이런저런 쐐기를 아무지게 때려 박는 것으로 일을 마무리하곤 했던 것이다.

비록 쓰다 남은 허드레 목재로 뾰족하게 깎아서 만든, 정말 작고 볼품없는 물건이었지만, 그래도 그 효과는 상당했다. 조금 벌어지고 뒤틀어진 부분에 쐐기를 꽂고 단단하게 두들겨 박아놓으면, 마룻장이 이리저리 쉽게 놀지도 않았고 또 그렇게 귀에 거슬리게 삐거덕거리던 소리마저도 어느새 슬며시 자취를 감추었기 때문이다.

그 때문이었을까? 그렇게 미리 준비해둔 것은 아니지만, 그 자리에 없어서는 안 될 꼭 필요한 존재를 우리는 보통 쐐기라고 한다.

그래서 가끔 이렇게 허허로운 날에는, 모두 다 기둥이나 대들보가 되겠다고 아우성인 요새 세상에서, 그런 쐐기 같은 사람이 보고 싶어진다.

문지방

요즘 짓는 집은 다들 문지방이 없다. 문턱이 사라진 것이다. 우리가 지금 살고 있는 아파트만 봐도 그렇다. 현관문을 열고 실내로 들어오면서부터, 바닥은 한 치의 높이차도 없이 정말 미끄러지듯 마감되어 있다. 물론 문턱이 없어졌으니, 각 방을 드나들거나 물건을 이동하기가 예전보다 훨씬 더 수월해진 것은 사실이다.

문지방이란, 문꼴의 양 옆에 설치되어 있는 문설주를 바닥에서 받치고 있는 수평부재로서 자연스럽게 문턱이 된다. 옛날 기와집 문지방이야 이리저리 대패질해서 정갈하게 다듬어놓았지만, 보통 초가집의 문지방은 그 생김새부터가 우선 투박했다.

그리고 또 기둥이나 대들보처럼 꼭 그 자리에 쓰기 위해서 일부러 골라놓은 것이 아니라, 쓰다 남은 목재를 대충 다듬어서 문설주 하부에 맞춰놓았기 때문에 그 높이나 형태도 모두 다 제각각이었다.

그런데 그렇게 각기 다른 문지방들도 타고 난 운명은 하나같이 참으로 기박하다. 기둥이나 보, 도리 그리고 서까래처럼 우람하게 돋보이거나 요긴하게 대접받지 못하고, 처음부터 그저 바닥에 바짝 엎드린 채 사람들의 발밑에 밟히는 처량한 신세로 태어난다. 때때로 아무 거리낌 없이 사람들이 제 얼굴에 엉덩이를 대고 척 걸터앉아도 항변 한마디 하지 못하고, 보폭이 작은 애들이 예사로 저를 밟고 넘나들어도 싫은 내색조차 할 줄 모른다.

아예 모든 걸 운명으로 체념했는지, 여름 한낮엔 고단한 일상을 내려놓고 곤히 잠자는 주인집 아저씨의 목침木枕 역할을 하기도 하고, 북풍한설이 몰아치는 한겨울에는 제 온몸으로 문틈을 여며주는 것도 마다하지 않는다.

아니, 그뿐만이 아니다. 예전에는 세상의 안팎을 가르고 나누는 경계의 구실도 충실히 수행하였다. 엄마 품안에 안겨 있던 아기가 조금 더 자라서 방안을 엉금엉금 기어 다니거나 유모차를 이리저리 끌고 다닐 때, 제일 처음 만나는 장애물이 다름 아닌 문지방이었던 시절이 있었다. 그럴 때, 갓난아기야 바동거리다가 울어 젖히면 그나마 해결이 될 수 있었지만, 세상 밖이 얼마나 힘들고 낯선 것인지, 아마 처음으로 체험하는 계기가 되었을 것이다.

그런데 어느 때부턴가 우리 건축에서 그 문지방을 떼어내면서부터, 문이 갖고 있던 본래의 제 기능도 슬그머니 사라지게 되었다. 지금도 어느 집이나 방문은 "쾅~" 하고 닫히지만, 문 밑은 여전히 뻘쭘하게 벌려져 있는 것이다. 우리 사회 각 분야에서 편리하다는 이유로 지금 구분과 나눔이 예전만 못해진 것도, 혹시 이 문지방이 사라진 탓은 아닌지 모르겠다.

 문설주

송홧가루 흩날리는 계절이다. 비록 윤사월은 아니지만 요즈음은 송홧가루가 뿌옇게 하늘을 뒤덮은 채, 살랑살랑 봄바람에 날아든다. 그렇게 날아온 송홧가루가 지붕 위에도 내려앉고, 꽃밭에도 뿌려지다가, 때로는 문틈이나 마루 틈에도 소리 없이 끼어든다.

정말 이맘때는 박목월의 「윤사월」이라는 시詩가 절로 생각나는 계절이다.

> 송홧가루 날리는
> 외딴 봉우리
> 윤사월 해 길다
> 꾀꼬리 울면
> 산지기 외딴 집
> 눈먼 처녀사
> 문설주에 귀 대고
> 엿듣고 있다.

그런데 시는 그렇게 애절하지만, 여기에서 문설주를 모르면 그 시를 읽는 감흥이 반감된다. 문설주柱는 그 이름에서 짐작되는 것처럼 기둥이다. 아니, 기둥이라고 하기에는 조금 민망해진다.

문설주는 문을 내기 위해서 문꼴의 좌우에 세워둔 수직부재다. 문설주를 알게 되면 문인방과 문지방도 자연스럽게 알게 된다. 문설주를 기둥으로 그 위에 수평으로 걸쳐댄 부재를 문인방이라고 하고, 그 아랫부분에 받쳐놓아서 사람이 넘어 다니는 문턱을 보통 문지방이라고 한다.

시에 나오는 눈먼 처녀도, 아마 여느 여염집 처자처럼 수줍음이 많았던지 차마 방안 풍경을 쉽게 엿보지는 못하고, 그렇다고 마음에 돌아나는 궁금증을 감추지도 못했나보다. 그래서 아랫마을 중매쟁이가 사랑방으로 들자마자, 아궁이에 불을 때다 말고 살금살금 마루로 기어 올라가 어른들의 얘기소리에 귀를 기울이게 되었을 것이다.

이때 띠살문도 아니고, 하얀 회벽도 아닌, 문설주에 귀를 대고 엿듣고 있다는, 어느 늦은 봄날의 나른한 풍경을 이 시는 그럴듯하게 스케치해 놓고 있다. 물론 그녀가 엿들은 것은 시답잖은 혼담婚談 얘기가 아니었는지도 모른다. 긴 봄날 덧없이 우는 꾀꼬리 울음소리였을 수도 있고, 송홧가루를 흩날리는 바람소리였을 수도 있다.

운치 없이 벌쭉하게 서있는 것 같던 문설주도 그런 때가 있었다. 이 방 저 방을 펄렁거리며 문지방이 닳도록 들락거리던 애들 때문에 다소 헐렁해진 돌쩌귀를 단단하게 다시 고쳐 박느라, 망치로 이리저리 애꿎게 얻어맞을 때에만 그 존재를 알리던 문설주도 그렇게 행복한 때가 있었다. 아주 옛날에는······.

 활주

문설주도 나름대로 무늬는 기둥이었지만, 그렇게 기둥 같지 않은 기둥이 하나 더 있었다. 처마 밑에 우두커니 서있던 활주라는 기둥이 또 그랬다.

원래 기둥의 형태는 꽤나 다양했다. 우선 단면모양에 따라서, 원형기둥[圓柱]과 각형기둥[角柱]으로 크게 나뉜다. 원형기둥는 다시 원통형기둥과 민흘림기둥 그리고 배흘림기둥으로 나눌 수 있고, 각형기둥은 사각기둥이 대부분이지만, 간혹 육각기둥이나 팔각기둥도 있었다. 그리고 기둥의 배치에 따라서도 평주平柱와 우주隅柱, 고주高柱 등으로 구분되곤 하였다.

그런데 그 모양과 이름이 어찌되었든, 기둥은 일단 상부의 하중을 받아서 땅에 전달하는, 수직부재라는 역사적인 사명을 띠고 이 땅에 태어난다. 금방 무너질 것 같으면 아무리 지붕곡선이 멋있고, 처마선이 빼어나게 유장하더라도 모두 다 허사가 되고 만다. 기둥에겐 그렇데 무거운 사명이 지워져 있었다.

그래서 목수가 처음 목재를 고를 때, 가장 신경 써서 고르는 부재가 다름 아닌 기둥이다. 기둥으로 쓰일 목재는 우선 곧고 단단해야 하며, 부재의 상하부 직경直徑 차이가 적어야 한다. 또 옛날 우리네 집들은 상대적으로 지붕이 무겁게 내려누르는 것 같은 느낌을 주기 때문에 결코 얄팍한 인상을 주어서도 곤란하다.

그런데 활주는 그렇지 못했다. 단지 이름뿐이었다. 기둥이란 팔자만 운명처럼 안고 태어난, 때로는 안타까운 존재였다. 남들은 그게 뭐 기둥이냐고 반문하기도 하지만, 그래도 이름부터가 어엿한 기둥[柱]이지 않던가?

원래 활주는 정식 기둥이라기보다는, 무엇을 받치거나 버티는 데에 쓰는 굽은 기둥을 말한다. 주로 건축물의 네 귀퉁이 처마 밑에 서서 육중한 지붕을 받쳐주는 것이 본래 제 소명召命이었다.

비록 기둥이라 불릴지라도, 활주

아니, 꼭 받쳐준다기보다는 처마가 '이고 진' 그 지붕장식물 때문에, 시각적으로 불안해 보이는 착시錯視 현상을 보정해주는 장치였다. 그렇게 보면 정말 가당치 않은 기둥이었었다. 그래서 아마, 남모르는 설움도 많았으리라.

혹시, 홍길동洪吉童의 서러움이 이만했을까? 그래도 길동이는 야무지기라도 했던 것 같다. 활주보다는 훨씬 나았다. 항변이라도 제대로 한번 당차게 들이댈 줄 알았다. 아비를 아비라 부르지 못하고, 형을 형이라 부르지 못한다고, 마당에 엎드려 한바탕 실컷 울부짖기라도 하지 않았던가?

"밤이 깊었거늘 네 어찌 자지 않고 이렇게 방황하느냐?"
길동은 땅에 엎드려 아뢰었다.
"소인이 일찍 부모님께서 낳아 길러 주신 은혜를 만분의 일이나마 갚을까 하였더니, 집안에 옳지 못한 사람이 있어 상공께 참소하고 소인을 죽이고자 하기에, 겨우 목숨은 건졌으나 상공을 모실 길이 없기로 오늘 상공께 하직을 고하옵니다."
하기에, 공이 크게 놀라 물었다.
"너는 무슨 일이 있어서 어린아이가 집을 버리고 어디로 가겠다는 거냐?"
길동이 대답했다.
"날이 밝으면 자연히 아시게 되려니와, 소인의 신세는 뜬구름과 같사옵니다. 상공의 버린 자식이 어찌 갈 곳이 있겠습니까?"
길동이 두 줄기의 눈물을 감당하지 못해 말을 이루지 못하자, 공은 그 모습을 보고 불쌍한 마음이 들어 타일렀다.
"내가 너의 품은 한을 짐작하겠으니, 오늘부터는 아버지를 아버지라 부르고 형을 형이라 불러도 좋다."
길동이 절하고 아뢰었다.

"소자의 한 가닥 지극한 한을 아버지께서 풀어 주시니 죽어도 한이 없습니다. 엎드려 바라옵건대, 아버지께서는 만수무강하십시오."

—「홍길동전」 중에서

그런데 활주는 그런 강단剛斷조차도 없었다. 정작 기둥으로 태어났으면서도, 감히 기둥이라 불리지 못했다. 아예 불만조차도 품지 못했던가 보다.

그래서, 이다음에 다포多包[5]로 처마가 겹겹이 층지어 튀어나온 사찰이나 궁궐을 찾아갈 땐, 그저 다른 것 다 제쳐두고 우선 활주부터 한번 둘러보자. 마치 제 본성을 잊어버리기라도 하려는 듯, 저렇게 처연히 한쪽 모퉁이에 안쓰럽게 서있는, 그 기둥 하나를 찾아서 위로해주는 셈치고…….

갈모산방

흔히들 옛날 우리네 집은, 그 멋을 지붕곡선에서 찾곤 한다. 사실, 허공으로 날렵하게 버선코처럼 들어 올린 지붕의 추녀마루 곡선은 언제 봐도 아름답다. 더구나 마을 뒷산의 나지막한 산 능선과 어울려져 있는 풍경이라면 더욱더 자연스럽다. 그렇게 옛날 우리네 집은 온통 지붕에 그

---

5 처마 끝의 하중을 받치기 위하여 기둥머리에 짜맞추어 댄 나무 부재를 공포(栱包, 貢包)라고 하는데, 장식기능도 겸하게 되는 이 공포의 위치에 따라서 주심포식柱心包式, 다포식多包式, 익공식翼工式으로 나누어진다.

멋과 맛이 서려있는 듯하다.

그래서 기와지붕을 단순히 눈·비·바람을 막기 위한 시설로 보면 안 된다. 오뉴월 따가운 햇살을 가리기 위한 장치도 아니다. 붉고 밝은 알매 흙을 지붕 위에 곱게 펴서 바르고, 그 위에 기왓골을 따라 다소곳이 덮어 놓은 암수 기왓장 하나하나가 서로 음양陰陽의 힘을 합쳐서 지붕에 연출해놓은 곡선이라고 해야 할 것이다.

어떻게 보면 남해대교의 현수懸垂구조와 비슷하다. 양쪽에서 팽팽하게 잡고 있던 실을 살짝 늘여놓으면, 실은 곧장 밑으로 처지면서 자연스러운 곡선을 이루게 되는데, 그러한 이미지라고 할 수 있겠다.

미국의 샌프란시스코에 있는 금문교金門橋(golden gate bridge)가 그렇고, 부산 광안대교廣安大橋의 난간 곡선이 그렇다. 아마 기와지붕의 처마 곡선도 오랜 세월을 거치면서, 그처럼 자연스러운 곡선을 차용해온 것 같다.

그렇게 아래로 자연스럽게 늘어지는 현수懸垂의 곡선도 아름답지만, 사실 옛날 기와지붕 곡선에서는 조금 더 색다른 맛이 우러나온다. 밑으로 그냥 축 처져 있는 것이 아니라, 하늘을 향해서 힘껏 치솟아 있는 것 같다. 마치 수컷의 힘이 느껴지는 듯하다. 그래서 하늘을 배경으로 펼쳐진 지붕곡선을 바라보고 있노라면 저절로 팽팽한 긴장감이 전달되는 것인지도 모른다.

그런데 자세히 살펴보면, 그 지붕곡선을 만드는 것은 대들보도 아니고, 서까래도 아니다. 잘 알려지지도 않은 갈모산방이라고 하는 아주 작은 부재였다. 비록 그리 크지도 않고 우아하게 생기지도 않았지만, 지붕 곡선을 매끄럽게 처리하는데 있어서, 갈모산방은 거의 절대적인 존재라

서까래 밑에서 지붕을 치켜든 갈모산방

고 할 수 있었다.

만약 그가 없었더라면 그저 밋밋하게 수평으로 덮였을지도 모르는 지붕을, 갈모산방은 처마 끝에서 처음부터 그렇게 정성껏 치켜 올리고 있었던 것이다. 때로는 걸을 때마다 신발에 서걱서걱 밟히는 한복치마솔기가 귀찮았던지, 걸음을 멈추고 그 치마 끝단을 슬쩍 들어 올리고 서있는, 어느 여인네의 자태 같았다.

그래서 갈모산방은 삼각형의 형태로 깎아서 도리道里 위에 직접 얹어놓게 된다. 어떻게 보면 건축물의 몸체와 지붕 사이에 끼워진 채, 육중한 지붕을 들어 올리고 있는 폼이 마치 쐐기 같기도 했다. 어쨌든 갈모산방의 그 힘겨운 역할로 서까래와 부연은 사뿐히 추켜 올려지게 되고, 지붕은 그렇게 아름다운 곡선을 연출할 수 있었던 것이다.

  이제 사찰이나 고궁에 찾아가게 되면, 으리번쩍한 기둥이나 창호에만 눈길을 줄 것이 아니라, 외진 처마 끝에 다소곳이 숨어 있는 그 갈모산방을 한번 찾아볼 일이다. 모두들 주연主演으로 스포트라이트만 받으려고 안달하는 이 조급한 현대사회에서, 저렇게 묵묵히 제 자리를 지키고 있는 존재도 이제 몇 남지 않은 것 같으니…….

넷. 사랑이란 이름으로

따뜻했던 기억

 유난스러운 촉각

　다른 민족에 비해서, 우리 한민족은 유난히 더 육감肉感이 발달해 있다고 한다. 그래서 그런지 오감五感의 작용 중에서도, 유독 '촉각'을 곤두세우며 살아왔다. 보고, 듣고, 맛보고, 냄새 맡는 것보다도 촉감에 의지하는 경우가 허다했던 것이다.
　직접 보고 들은 것도, 그 앞에서 실제로 만져봐야 비로소 더 확신을 갖게 된다. 간혹 비과학적인 태도라고 비판을 받기도 했지만, 그게 그저 하루 이틀 사이에 비롯된 것이 아니었다. 아주 까마득히 먼, 저 옛날부터 우리 몸속에 저절로 체화體化된 것이라고 할 수 있다.
　그런데 그 발현發現은 때로 놀라웠다. 짚어보고, 만져보고, 더듬어보고, 또 두드려보면서, 그게 무엇이든지 내체석인 윤곽은 거의 다 잡아내곤 하였다. 그건 단순한 감각작용이 아니라, 때로는 피부에 와 닿는 그 미묘한 감촉까지 즐기는 경지였던 것 같다.

그러니 박물관이나 전시장에서 아무리 '손대지 마시오.' 라는 팻말을 붙여놔도 별 소용이 없었다. 정말 관심이 있고 알고 싶어지면, 먼저 만져보고 두드려보고 또 더듬어봐야 직성이 풀린다. 무엇이든지 내 몸을 통해서 직접 체감해봐야 하는 것이다.

지폐를 셀 때도 그 놀라운 감각은 사라지지 않는다. 손에 와 닿는 미세한 차이 하나로, 그게 천 원짜리인지 만 원짜리인지 쉽게 구분해내곤 한다. 그럴 정도로 우리 한민족의 촉각은 정말 탁월하였다.

그런데 일상생활에서, 그렇게 유난스레 촉각을 곤두세우며 살아온 데는, 나름대로 그럴만한 이유가 따로 있었다. 우리 주거공간의 한가운데에, 그 오랜 세월동안 뜨끈뜨끈하게 몸을 지질 수 있는 '구들'이 자리 잡고 있었던 것이다.

앉아 있을 때도 그렇고, 잠을 잘 때도 마찬가지였다. 집에 구들방이 들어서면서부터, 몸의 표면을 가급적 방바닥에 많이 접촉하는 자세로 살아왔다. 몸을 통한 접촉이 많아지니 자연적으로 촉각이 발달하게 되고, 육감肉感마저 도드라지지 않을 수 없었다. 설사, 지금은 그렇게 구들방에 등을 붙이고 생활하지는 않는다고 하더라도, 우리 몸에는 오랜 세월동안 거기에 길들여졌던 생체시계가 여전히 작동하고 있는 것 같다.

그래서 지금도 정확하게 재고 계량計量하는 것보다는, 오히려 육감에 더 의존하게 되는 것인지도 모른다. 그 흔적은, 우리 주거공간이 만들어지는 과정 여기저기에서 쉽게 찾아볼 수 있다.

흙을 물에 반죽해서 집을 지을 때에도 배합비율이 따로 존재하지 않는다. 모두 다 토수土手[1]의 경험과 재량에 따른다. 기둥을 반듯하게 수직으

---

[1] 벽이나 천장, 바닥 등의 표면에 흙을 곱게 바르는 기술자.

한껏 후려친 처마선

로 세울 때나 지붕의 처마곡선을 버선코처럼 날렵하게 들어 올릴 때도 마찬가지였다. 대부분 목수의 눈썰미에 의존하게 된다. 그런데도 그게 놀라우리만큼 정확하다.

물론, 합리적인 방식은 아니다. 그래서 이제는 그걸 계량화하자고 주장하기도 한다. 맞는 말이다. 그런데 흙의 함수율이 문제였다. 채취시기에 따라서 흙의 함수율은 현저하게 달라진다. 고온건조한 날이 다르고, 다습多濕한 날이 다르다. 오히려 물과 흙을 일정한 비율로 섞어서 반죽하자는 것이 문제가 된다.

목수가 결정하는 지붕의 처마곡선도 마찬가지였다. 집의 길이와 폭에 의해서 지붕곡선이 정해지게 되면, 한층 더 쉽고 간결해질 텐데, 우리네 목수들은 그렇게 하지 않았다. 하나를 더 계산하고 있었기 때문이다. 그 집의 처마만 생각했던 게 아니라, 배경이 되는 저 뒷산의 능선까지 고려하고 있었던 것이다.

유난스레 촉각이 발달하고, 육감까지 진화한 민족, 거기에 정감情感까지 곁들여져서 활기차게 어울려 살 줄 아는 민족……, 그 밑바닥에는 우리 몸을 뜨끈뜨끈하게 달궈 주던 옛날 그 따스한 온돌방 아랫목이 자리잡고 있었다.

다시 그리워지는 아랫목

세상 사는 일이 고단하고, 점점 더 허접해지는 요즘 같은 세밑에는 그저 뜨끈뜨끈하게 잘 달궈진 온돌방이 그리워진다. 온돌방 아랫목을 골라

지친 등짝을 바닥에 착 붙이고, 길게 한숨 푹 자고 싶어지는 것이다.

외출했다가 허허롭게 돌아오는 날이면, 그런 마음이 더욱더 간절해진다. 바깥 찬바람에 언 손을 "호호" 불며 방안으로 들어서자마자, 얼른 이불을 걷어 젖히고 할머니 품속처럼 푹 파묻히던 옛날 그 아랫목……. 그 아랫목이 지금은 모두 다들 어디로 갔을까?

물론, 요즘은 아랫목이 따로 존재하지 않지만, 옛날 한겨울에는 어느 집이나 뜨끈뜨끈한 아랫목을 묻어두고 살았다. 그저 아무 차별 없이 평평한 것 같기만 하던 방바닥에도, 사실은 그렇게 구들로 인해서, 윗목과 아랫목으로 구분되어 있었던 것이다.

혀를 날름거리며 아궁이 속으로 "훨훨" 타오르던 불길이 물불 가리지 않은 채, 처음 데운 '방구들'이 바로 아랫목이었다. 아궁이에서 지핀 불길은, 다들 이 길목을 거쳐야만 비로소 골고루 퍼져나갈 수 있었다. 불을 지필수록 아랫목 구들장이 더 뜨겁게 달구어지게 된 것이다. 심지어 방바닥 아랫목이 시커멓게 그을리는 것도 다반사茶飯事였다.

그 때문에 아랫목 방구들은 유난히 더 두꺼운 돌로 덮어두어야만 했다. 마치 왕비간택이라도 하듯, 일부러 더 두껍고 더 튼튼하게 생긴 구들장을 정성스럽게 골라서, 방 아랫목 고래 위에 얹어놓고 구들을 놓았던 것이다. 그 덕분에 아랫목의 열기熱氣는 새벽녘까지도 쉬이 식지 않고, 남아 있을 수 있었다.

그래서 제법 추위가 매서워진 한겨울 새벽녘이 되면 다들 발바닥을 더듬이처럼 곤두세우며, 그렇게 아랫목으로 몰려들곤 하였다. 어쩔 수 없이 몸과 몸이 부딪히면서 진한(?) 접촉을 하게 된 것이다.

그러다가 때로는 서로 동시에 이불을 잡아당기는 바람에 그만 찢어지기도 하고, 형제자매끼리 옥신각신 다투는 일도 허다했다. 모두들 아랫목으로 몰려들려는 그 유난스러운 우리들의 촉각 때문이었다. 물론 지금은 돌아갈 수 없는 추억이 되고 말았지만, 우리네 집은 처음부터 그렇게 위아래로 '질서'를 간직하고 있었다.

그래서 간혹 손님이라도 찾아오면 먼저 아랫목에 앉도록 권하는 것으로 예의를 표시했고, 또 식사 때 미처 챙겨주지 못한 식구라도 있는 날이면, 그 남은 밥공기에 뚜껑을 꼭 덮어 아랫목 이불속에 깊숙하게 묻어두는 것으로서, 함께 하지 못한 아쉬움을 달래곤 하였던 것이다.

 쇠죽솥

그러한 구들장 아랫목도 점점 더 어둠이 걷히기 시작하면, 썰렁한 냉기冷氣가 슬슬 찾아든다. 그런데 그때를 반곡점反曲點으로 해서, 다시 또 구들이 달궈지는 방이 있었다. 왠지 이불에 파묻어두었던 발바닥이 조금씩 따뜻해지기 시작한 것이다. 잠결에도 이상했다.

'꿈인가?'

그 순간, 밖에서 "콜록콜록" 하는 기침소리가 들렸다. 아버지였다.

'먼저 잠이 깨셨나?'

'아, 우리가 잠든 큰방 아궁이에 다시 불을 지피고 계셨구나. 쇠죽은 내가 이따가 일어나서 끓여도 되는데……'

그런데 쇠죽이 중요한 게 아니었다. 우리 형제들의 시린 등이 더 걱정되셨나보다.

활활 타오르던 쇠죽솥

'비록 활활 타오르는 불길로 아궁이 앞에 앉아있는 얼굴은 후끈후끈 달아오르겠지만, 지금 새벽 찬바람에 아버지 등도 몹시 시릴 텐데…….'

다음 날 새벽에는, 내가 먼저 일어났다. 쇠죽 끓이는 "달그락" 소리에 혹시 방 안 식구들이 새벽 단잠을 깰까봐, 극도로 행동을 아끼고 조심하지 않을 수 없었다. 부뚜막 귀퉁이에 놓여 있던, '비사표' 통성냥갑의 위치를 가늠해서 더듬더듬 찾아냈다.

성냥개비를 하나 꺼내서 그걸 성냥갑 옆면에 겨누고, 힘을 주어 "확~" 내려 그었다. 성냥황이 축축했던지 쉽게 불이 살아나지 않았다. 다시 더 세게 내려 그었다. 그런데, 아뿔싸……! 성냥개비가 그만 부러지고 말았다.

불을 살리는 것도 결코 쉬운 일은 아니었다. 그렇게 몇 번 더 성냥갑과 실랑이를 벌이다가 겨우 신문지에 불을 붙이곤, 그걸 재빨리 바짝 마른 잔솔가지로 옮겨 붙였다.

한때 요긴하게 쓰이던 통성냥

"휴우~."

간신히 불이 붙자 한숨이 저절로 나왔다. 우리 인간에게 처음으로 불을 훔쳐다 주었다는, 옛날 그리스 신화의 프로메테우스(Prometheus) 노고가 이만했을까?

새벽 찬바람 속에서, 아궁이가 드디어 환해지기 시작하였다. 그래도 등은 여전히 시리고 차가웠다. 문틈으로 찬바람 탓일 게다. 솔가지를 몇 개 더 "뚝뚝" 부러뜨려, 아궁이 속으로 집어넣었다.

어느덧 먼동이 터 오르고 있었나보다. 이제는 아궁이에서 활활 타오르는 불기운이 아니더라도, 차츰 주위가 분간되었다. 때맞춰 쇠죽 솥뚜껑 밑에서도, 눈물방울이 하나둘 흘러내렸다. 방 안에서도 간간이 몸을 뒤척이는 소리가 점점 더 잦아지기 시작하였다. 방바닥이 생각보다 더 뜨겁게 달궈졌나보다. 아니, 동생들이 이불을 걷어 차내는 소린가?

그래도 난 아랫목을 좀 더 절절 끓이고 싶었다. 지난 추석 때처럼 엉덩이가 뜨거워서 견디지 못할 정도는 아니더라도……. 그래서 솔가지 몇 개를 또 아궁이 속으로 깊이 밀어 넣었다.

짓는 사랑

 개미와 벌과 새

어느 날 마당에서 잔디를 다듬다가 개미들이 분주하게 움직이는 것을 보게 되었다. 항상 그랬던 것처럼, 모두들 바쁘게 어디론가 오고 가고 있기에, 그냥 일어설까 하다가 내친 김에 조금 더 들여다보기로 했다. 열심히 식량을 나르고 있는 중이었는지도 모르지만, 그날은 왠지 개미들이 집을 짓고 있다고 생각하게 되었다.

아니, 요샛말로 리모델링을 하고 있었는지도 모른다. 저 혼자 살 집은 아니지만, 개미들은 그렇게 열심히 지하에 공동주택을 짓고 있었던 것이다.

가끔 처마 밑으로 윙윙거리며 벌들이 날아다니기에, 또 한 번은 마음먹고 벌집을 찾아나선 적도 있다. 아니나 다를까 서까래 끝에서 살짝 들이 올린 부연附椽[2] 사이에 작은 벌집이 달려 있다.

---

2 한옥 겹처마의 경우, 지붕곡선을 들어올리기 위해서 서까래 위에 덧댄 네모나고 작은 부재.

그런데 벌도 마찬가지다. 아니 벌뿐만 아니라, 사실 대부분의 곤충이나 동물들은 제 스스로, 제 집을 짓고 살 줄 안다. 차이가 있다면 개미가 땅을 파고 들어가서 지하공간에 공동주택을 짓는 반면, 벌들은 지상에다 제 집을 짓는 것뿐이다.

또 언젠가 우두커니 마루에 앉아 있었는데, 머리 위에서 뭔가 "툭~" 하고 떨어지는 소리가 들렸다. 깜짝 놀라 위를 쳐다보니 도리[3]와 서까래 사이로 나뭇가지 몇 개가 삐죽이 나와 있었다. 궁금해서 사다리를 걸쳐놓고 가만히 들여다보았더니, 새가 집을 짓고 있었다. 마침 새는 출타 중이었다.

그런데 집 짓는 방법이 보통은 넘었다. 겉에서 보기엔 마른 나뭇가지 몇 개를 대충 가로 세로로 엉성하게 얽어놓은 것 같았지만, 그 내부를 자세히 들여다보니 이건 정말 장난이 아니었다. 나뭇가지 사이에 진흙을 펴서 바르고, 다시 그 위에 깃털을 겹쳐서 깔아놓았다.

꽤나 정교해 보였다. 뼈대도 제법 튼튼해 보였고, 틈새도 적당하게 잘 메워져 있는 듯 했으며, 단열에도 신경을 쓴 것 같았다.

"아주 제법인데……!"

감탄이 절로 나왔다. 그것도 제 스스로 제가 살 집을 그렇게 정성껏 짓고 있었으니 말이다.

비록 내게 들키고 말았지만, 새가 제 몸의 일부인 깃털까지 뽑아서 집을 지어놓은 것은 상당히 충격적인 일이었다. 아무리 '혼魂을 담은 시공'이라고 써 붙여놓아도, 사실 우리는 그걸 곧이곧대로 믿지는 않는다. 그

---

3 한옥에서 기둥과 기둥을 가로로 연결하는 부재.

저 그렇고 그런 건설회사의 상술商術이라고 치부해버리기 일쑤다.

그런데 제 몸의 깃털을 뽑아서 집을 짓다니, 절로 숙연해지지 않을 수 없었다. 그저 남보란 듯이 걸어놓은 표어하고는 감히 비교할 수 없는 장면이었다. '혼을 담은 시공'이란 것을, 난 거기서 처음 목격하게 되었다.

사실 우리 인간만 스스로 제가 살 집을 짓지 못한다. 개미나 벌, 그리고 새들은 모두 다 본능적으로 집짓는 방법을 잘 알고 있다고 한다. 물론 그렇기 때문에 그들은 남의 집을 대신 지어주지도 않고, 우리 인간처럼 제 집에 프리미엄을 붙여서 건축시장 질서를 교란하거나 왜곡하지도 않는다. 그리고 필요 이상으로 집이 크지도 않으며, 또 집을 두 채 세 채씩 차지하려고 악착같이 노력하지도 않는다.

그러한 측면에서 보면, 곤충이나 동물들이 차라리 우리 인간보다 더 낫다고 해야 할 것이다. 적어도 집이 집다워야 한다는 것쯤은 알고 있는 듯 하며(?), 또 스스로 제 집을 지을 줄 아는 본능마저도 아직까지 퇴화退化하지 않고 있기 때문이다.

그리고 외부의 위험으로부터 안전해야 하고, 때로는 편리하고 위생적이기도 해야 하며, 또 때로는 그럴듯하게 아름다워야 한다는 집의 기본 이념을 너무나 잘 실천해나가고(?) 있는 것 같다. 아니, 적어도 우리 인간처럼 집을 하나의 얄팍한 이윤추구의 수단으로 삼고 있지 않다는, 그 사실 하나만으로도 난 그들이 대단히 부러워지기 시작하였다.

또 다른 사랑의 표현

　예전에, 주부가 아침마다 먼저 일어나서 차리는 밥상에는 가족에 대한 지극한 사랑과 정성이 담겨 있었다. 그래서 먼 길 떠나는 아들딸이 '시간이 늦었다'며 한사코 뿌리치고 발길을 재촉할 때도, 우리 어머니들은 그 아들딸을 억지로라도 잡아 앉혀놓고, "모락모락" 훈김이 피어오르는 아침밥을 차려서 먹여 보내곤 했던 것이다.

　손수 지은 밥을 먹여 보내야만, 그 아들딸이 그 날 하루 동안 편안 무탈할 것이라고 신앙처럼 굳게 믿고 있었던 우리 어머니들에게서, 그 훈김 나는 '뜨끈뜨끈한' 아침밥은 육신(肉身)의 배를 채우는 것 이상의 어떤 의미가 담겨 있었는지도 모른다.

　집을 짓는 것도 마찬가지다. 집이란 나 혼자 잘살기 위해서 짓는 것이 아니다. 내가 살고, 이다음에는 내 아들딸이 살고, 내 손자가 살며, 또 그 손자의 손자까지 그 집에서 살 것을 기대하며 집을 짓는다는 것은, '집'이라고 하는 물리적인 공간을 통해서 전승(傳承)되는 사랑의 표현이 된다. 그리고 거기에는 그 사랑이 집적된, 이른바 가풍(家風)이 담기게 되는 것이다.

　그래서 얼굴도 모르는 손자와 그 손자의 손자를 위해서 댓돌을 다듬고, 툇마루를 놓고, 대들보를 거는 것은 숭고한 작업이라고 하지 않을 수 없다. 물론 지금은 생활의 이동이 옛날보다 훨씬 잦아졌고, 또 아파트라고 하는 주거형태 자체가 그런 정성을 아예 담아낼 수 없도록 바뀌어버렸지만, 얼마 전까지만 해도 집을 짓는 행위에는 그렇게 숭고한 사랑의 마음이 담겨 있었다.

건설현장마다 한때 유행처럼 흔하게 붙어 있던 '혼을 담은 시공'이나 '성실시공 다짐'이라고, 남보란 듯이 애써 강조를 할 필요도 없다. 또 우리 사회가 다른 사람을 배려하지 못하고 아주 조급하며, 이기적인 사회로 변했다고 탓할 필요도 없다.

어머니가 아침 일찍 일어나서 밥을 짓는 그 심정으로 나와 내 가족이 살게 될 집을 한 번만이라도 손수 지어본 사람이라면, 지금 내가 살고 있는 이 집과 이 공간에 얼마나 깊은 사랑이 담겨 있는지 저절로 깨닫게 된다.

요즘처럼 그저 나와 내 가족만이 잘 살아야겠다는 욕심이 아니라, 다음세대 그리고 그 다음다음세대까지 당초 집을 짓던 '그 마음 그대로' 사랑을 전해줄 수 있는 하나의 줄기찬 방법, 그 사랑의 전달 매개체가 다름 아닌 우리네 '집'이라고 하는 주거공간이다.

여전히 아름다운 일

그런데 집을 짓는다는 것은, 생각만큼 그렇게 쉬운 일이 아니다. 더구나 요즘처럼 제 잇속부터 먼저 챙기는 일에 급급해진 이 얄팍해진 시대에, 집을 짓는다는 것은 더더욱 어려운 일에 속한다. 물론 어렵다는 것 자체는 사람마다 다르고 시대마다 다를 수 있다. 그런데 불과 얼마 전까지만 해도 밥을 짓는 것이 그랬다고 한다.

그래서 새색시가 연지곤지 찍고 시집와서 겪은 시집살이 가운데 가장 어려운 것 중의 하나가, 바로 이 삼 시三時 세 끼 때맞춰서 밥 짓는 일이었다. 매일매일 밥 짓는 일이 뭐 그리 대수냐고 반문할 수도 있겠지만, 아마 옛날에는 그게 그렇지 않았던 모양이다. 지금처럼 시간만 맞춰놓으면 저절로 밥이 되는 그렇게 편리한 전기밥솥이 없었던, 그래서 아궁이에 나무 솔가지를 꺾어 넣고 불을 지펴서 손수 밥을 짓던, 아마 그러한 시절의 얘기일 것이다.

이 밥이란 것이 지을 때마다 그때의 상황과 조건에 따라서 조금씩 달라지기 일쑤다. 때로는 설익기도 하고, 때로는 되거나 질어지기도 한다. 또 당시 어른들 입맛은 왜 그리도 까다롭고, 힘들게 했던지?

그래서 밥을 지을 때마다 항상 새롭고, 어려울 수밖에 없었던 것 같다. 아니, 시어른들에게 밥상 내가는 것 자체가 어쩌면 이만저만한 스트레스가 아니었는지도 모른다. 더구나 갓 시집온 새색시에게는……

집는 짓는 것도 이와 흡사하다. 설계과정에서부터 사용승인(준공)이 될 때까지 건축사建築士들은 노심초사하게 된다. 집터에 합치되는 규모와 좌향坐向은 이뤄냈는지, 집주인의 요구사항과 개성은 제대로 걸러냈는지, 아니 혹시 겉모양 때문에 사용자의 입장을 밀쳐 두지는 않았는지, 또 이만하면 방이 작지는 않은지 이런저런 자료를 뒤적이게 되고, 이 사람 저 사람에게 의견을 구하게 되는 것이다.

지금 우리 사회가 아무리 이기적이고 냉소적으로 변했다고 하더라도, 그러한 의미에서 밥을 짓는 일과 집을 짓는 일은, 여전히 '아름다운 일'이라고 하지 않을 수 없다. 일단 남을 먼저 생각하고 남을 먼저 배려하는 마음부터 갖추고 있어야 하기 때문이다.

또 지금은 '먹고 자고 입는 것' 자체가 지나치게 풍족해져서 그 가치를 가끔씩 잊어버리고 살지만, 그건 예나 지금이나 아주 중요한 필수 생존조건이었다. 옛날부터 왜 굳이 옷과 밥과 집만을 따로 추려서 의식주衣食住라고까지 했겠는가?

내 앞가림만 하기에도 급급한 이 세상에서, 먼저 다른 사람이 잘 입고 잘 먹고 잘 살도록 염원하며, 이렇게 궁리하고 저렇게 배려하는 행위에는 저절로 정성이 담기게 된다. 우리 사람의 본성本性 밑바탕에 여태까지 남아 있는, 온갖 정성을 담아내는 일……!

그게 바로 지금 우리들의 삶을 담고 있는, '집'이라고 하는 사랑의 공간이다.

사랑의 문

 사립문

사람이 사는 공간에는 으레 문門이 나기 마련이다. 작게는 방을 드나드는 방문이 있는가 하면, 집에는 대문이 있고, 학교에는 교문이 있었다. 또 얼마 전까지만 해도 마을 입구에는 으레 성황당이나 정자나무가 자리 잡고 있어서, 마을로 진입하는 문의 역할을 충실히 수행해왔다.

그렇게 문은 안팎을 가르고 나누는 존재로서, 들어오는 사람이나 나가는 사람에게, 지금까지와는 또 다른 새로운 공간에 대한 메시지를 건네 주게 된다. 그래서 사찰의 일주문은 부처님의 세계로 들어가는 법문法門이 될 수 있으며, 교회나 성당의 문은 성속聖俗을 나누고 가르는 경계의 구실을 할 수 있었던 것이다.

그 상징성 때문에 대문은 때로 지나치게 그 의미나 역할이 강조되기도 하였지만, 옛날 여염집의 대문은 소박하기 그지없었다. 차마 대문이라고

소박한 사립문

하기조차 민망할 때가 많았다.

그래도 나뭇가지를 얼기설기 엮어 만든 사립짝을 한쪽 문기둥에 달아맨 사립문에서부터, 그저 단순히 대나무 두세 개만 덜렁 걸쳐놓았던 정낭[4]도 있었고, 또 목조 뼈대에 함석판을 붙여서 만든 함석대문도 있었다. 지금처럼 굳이 무얼 막고 차단하겠다는 의지보다는, 그 안에 사람이 살고 있다는 일종의 경계 표시에 지나지 않았다.

마주보고 웃으면서 얘기하다가도 돌아서기가 무섭게 그만 "쾅" 하고 닫히는 요즘 아파드 현관문하고는, 그 존재이유부터가 달랐다. 성글게

---

4 옛날 제주도의 대문에 걸쳐놓은 굵은 나뭇가지.

엮어놓은 나뭇가지 사이로 마당 안 풍경이 언뜻언뜻 드러났고, 때로는 문기둥에 기대서서 보면 아예 그 집 바깥 살림살이 전체가 훤히 다 들여다보였다. 그래도 별로 개의치 않는 눈치였다.

드나드는 것도 쉬었다. 따로 열쇠가 있고 잠금장치가 있었던 게 아니라, 그저 밀고 들어서기만 하면 출입이 가능했던 것이다. 그런데 돌이 갓 지난 어린 동생에게는 그마저도 힘겨웠던 것 같다.

언젠가, 마루에서 홑이불을 덮고 살포시 잠이 들었다가 깨어보니, 방금 전까지 절 다독거리며 재워주던 엄마가 보이질 않았나보다. 눈곱 낀 두 눈을 손등으로 쓱쓱 비비며, 지금까지의 상황파악이 대충 끝나자 어린 동생은 그만 "덜푸덕" 주저앉은 채, 두 발을 바둥거리며 힘껏 울어 제쳤다. 그렇지만, 구원군은 아예 올 기미조차 보이지 않았다. 별 수 없이 저 건너 고추밭까지 기어나가야만 했다.

마루에서 토방을 딛고 마당까지 겨우겨우 내려오긴 했지만, 이번에는 사립문이 또 "떡" 버티고 있었다. 황급히 달려가서 사립문을 열어주려 했지만, 그건 내게도 벅찬 일이었다. 잘 열리지 않아서 끼끼거리고 있는 사이, 눈만 껌벅거리며 지켜보던 저도 답답했던지, 갑자기 동생이 사립문 밑으로 기어들어왔다. 순식간이었다.

"어~, 어~."

사립문짝에 덧대져 있던 싸리나무 끝이 제법 날카로웠는데, 어린 동생은 그걸 알 수 없었다. 그저 밖으로 무조건 나가야겠다는 일념 아래, 그 밑으로 낮은 포복을 감행한 것이다. 어린 동생의 뒷등에서는, 나무 끝에 긁힌 핏자국이 벌써 선명하게 드러나기 시작하였다.

두 눈이 휘둥그레진 날 보자 제가 되레 겁이 났는지, 다시 자지러지며 울어 제쳤다. 그 울음소리를 따라서 하얀 등짝 위로 붉은 피가 마치 포도송이처럼, "쭈르르" 돋아났다. 유난히 선명했다. 지금까지도 쉽게 잊히지 않을 만큼…….

숟가락 몽당이

  지금은 어느 집이나 집을 나갈 때 현관문을 잠그고 열쇠를 갖고 다닌다. 아니, 집만 그런 것이 아니다. 자동차에도 열쇠가 있고, 자전거나 컴퓨터에도 나름대로의 잠금장치가 설치되어 있다.
  물론 옛날에도 그러한 열쇠가 없었던 것은 아니다. 그런데 그게 참 애매하기 그지없었다. 열쇠가 없더라도 쉽게 문을 열어젖힐 수가 있을 뿐만 아니라, 또 아무리 잠가놓았다고 하더라도, 지금과 같이 단단한 역할을 기대할 수 없었다. 그저 큰 마음먹고 누가 한 번 후려치게 되면, 띠살이나 완자살이 곱게 아로새겨진 문짝이라도, 단 한 번에 박살날 수밖에 없었기 때문이다.
  그래도 외출할 때에는, 부지런히 문고리를 걸어 잠그고 나갈 채비를 차렸다. 그리곤 혹시 비바람이 "덜거덕"거리며 열릴지도 모른다고 생각했던지, 문고리에다가 쓰다 남은 몽당 숟가락 하나를 덩그렇게 걸쳐놓았다.
  그런데 사실 따지고 보면, 그건 지금과 같은 잠금장치가 아니었다. 일종의 당부였던 것 같다. 지금 주인이 집에 없으니, 숟가락 몽당이가 보이는 바로 거기까지만 출입을 허락한다는 일종의 메시지였다. 그게 전부였다.

문고리에 걸어둔 숟가락 몽당이

문고리에 밥 먹던 숟가락 몽당이 하나를 달랑 걸어놓고, 제발 나의 이 밥숟가락만은 빼앗지 말라는 의미였을까? 어쨌든 그 밥숟가락 몽당이 하나만으로도 한 집안의 모든 잠금장치가 끝나던 시절, 어쩌면 그게 옛날 우리가 누렸던 사랑의, 또 다른 풍경이었는지도 모른다. 이제는 영영 다시 되돌아갈 수 없는 낯선 풍경이 되고 말았지만…….

 편문偏門

우리 주거공간의 가장 큰 특질을, 흔히들 채[棟]의 분화에서 찾는다. 이른바 안채, 사랑채, 행랑채, 그리고 또 다른 여러 부속채들로 나뉘어져 있기 때문이다. 더불어 마당도 안마당, 사랑마당, 행랑마당 등으로 구분되어 있었고, 그 마당을 드나드는 대문도 제각각 서로 달랐다.

아마, 당시 사회분위기를 무겁게 짓누르고 있던, 유교遺敎의 영향 탓이었으리라. 하나의 주거공간에서도 일종의 남성공간과 여성공간, 그리고 상하공간이 엄격히 구분되어 있었던 것이다. 안채가 여성공간이라면, 사랑채는 남성공간이었고, 또 행랑채는 하인들의 작업공간이었다.

그래서 안채에는 안방마님이 있었고, 저 건너 사랑채에서는 대감마님이 따로 기거하고 있었다. 그리고 그 두 공간은 담장이나 대문으로 엄격히 차단해놓았다. 머슴조차도 함부로 안마당을 기웃거릴 수 없었고, 혹시 힘쓸 일이라도 생기면, 미리 안방마님의 승낙을 얻어야만 그게 가능한 일이었다. 그렇게 상대영역을 서로 넘보거나 침범하지 않는 것이, 당시 채로 분화된 우리네 주거공간이 보여준 엄격한 음양의 질서였다.

그런데 그렇게 공간이 서로 나뉘다보니 프라이버시는 확실했지만, 그 접경지대에서 발생하는 '일처리'는 사실 애매모호할 수밖에 없었다. 그래도 행랑채에 기거하는 하인들이야, 대감마님이 대청마루 끝에 높이 서서 "마당쇠야~!" 하고 한 번 고함을 지르면 그만이었지만, 안방마님에게는 그럴 수도 없는 일이었다. 더더구나 그게 서로 밤에 만나야 하는 일이라면……, 실로 난감하지 않을 수 없었을 것이다.

더 밤이 이슥해지면, 사랑방에 앉아서 화롯불에 연신 담뱃재를 떨며 "으흠~, 으흠~" 하며 인기척을 내던 대감마님도 그 엄한 불호령을 일단 거두고, 마음은 안채를 기웃거리게 된다. 그렇다고 아랫사람들이 다 보고 있을 텐데, 버젓이 두세 개 대문을 연이어 열어젖히며, 안마당으로 들어서서 대뜸 "이리 오너라~!" 하기도 어렵지 않던가? 더더구나 점잖은 양반 체면에 월담은 상상조차 할 수 없는 일이었다.

그럴 때에는 우리 주거공간의 큰 특질로 꼽히고 있는 채의 분화가, 여

사랑의 징검다리, 편문

간 못마땅한 게 아니었다. 무언가 다른 징검다리가 필요했던 것이다.

그런데 옛날 목수가 그걸 모를 리 없었다. 그래서 집이 다 완공되기 전에, 으레 비밀통로부터 만들어놓았다. 물론, 그 통로에는 어김없이 문이 설치되어 있었고, 그 문은 아주 엄격하고 조심스럽게 다루어지곤 하였다.

안채와 사랑채 사이 뒤쪽에 남모르게 나있던 작은 샛문, 그것을 '편문偏門'이라고 부른다. 안방마님과 대감마님 사이에 놓여 있던 일종의 핫라인(hot line)이었던 셈이다. 사실 그 편문이 있었기에 아랫사람들의 눈도 쉽게 피할 수 있었고, 이슥한 야밤에 안방마님과 사랑의 자리도 함께할 수 있었던 것이다.

그렇다면, 때로 그 편문이 옛날 우리 양반사회에 드리워졌던, 위선의 문은 아니었을까? 아니면 음양의 연결 매개체? 아니, 그것도 아니면 지고지순한 사랑의 징검다리?

어쨌든 지금처럼 내외內外 구분이 불분명하고, 한 공간에서 거의 모든 생활이 이뤄지는 주거공간에서는 전혀 상상조차 할 수 없는 이면裏面장치였지만, 옛날 우리네 집에서는 그렇게 한 획을 더 긋고 살았다. 밖으로 드러나는 것이 전부인 냥 믿고 사는 세상에서, 그 작은 숨은 그림 하나가, 우리네 주거공간을 그만큼 더 풍부하고 근사하게 연출하고 있었던 것이다. 때로는 사랑이란 이름으로…….

 맞아들이는 문, 밀어내는 문

대문간에서 "이리 오너라~!" 하는 인기척이 나면, 마당쇠가 서둘러 뛰어나가 빗장을 풀고 얼굴을 빠끔히 내민 다음, 마당 안으로 대문을 얼른 열어젖히면서 고개를 조아린다. 손님을 맞아들이는 것이다. 이때 어느 집이나 대문을 집밖으로 밀어서 열지 않고, 마당 안으로 당겨서 열어젖힌다.

또 툇마루에서 "으흠~, 으흠~" 하는 대감마님의 기침소리가 나면, 뜨개질을 하던 아씨가 서둘러 방안을 정리하고 얼른 버선발로 나와 문고리를 잡고 방문을 열게 되는데, 문을 여는 방향이 이번에는 대문과 반대 방향이다. 방안에서 방밖으로 문을 열고 나오는 것이다.

그런데 가만히 살펴보면 따로 떨어져 있는 측간이나 헛간도 마찬가지다. 문의 개폐방향이 방문을 여닫는 방향과 똑같다. 내부공간에서 '외부

언제나 맞아들이는 대문

를 향하여' 열리고 닫히도록 되어 있다.

　유독, 대문만 그렇게 달랐다. 외부를 향해서 열리는 것이 아니라, 내부 공간인 마당 안으로 잡아당겨서 열리도록 되어 있는 것이다. 대문의 개폐방향을 집안의 다른 문들과 달리 한 것은, 외부손님을 맞아들일 때 문간에서부터 정성껏 안으로 맞아들인다는 뜻은 물론, 집안의 화평한 복福이 밖으로 나가지 말아달라는 간절한 염원이 담겨 있다고 하겠다.

　지금의 아파트와 비교해보면 그 차이를 확실히 알 수 있다. 현관이라는 공간을 조금이라도 더 넓게 사용하겠다는 욕심과 응급상황이 발생할 경우, 재빠르게 대피할 수 있도록 현관문을 피난방향인 '안에서 밖으로' 열리도록 강제한 것과는 상당한 차이가 드러나는 대목이다.

그런데 대문의 개폐방향에만 그렇게 주목할 것은 아니다. 옛날 한옥의 문은 모두 다 하나같이 마당을 향해서 열리도록 되어 있었다. 방문도 마당을 향해서 열리고, 대문도 마당을 향해서 열리며, 헛간이나 측간의 문도 모두 다 마당을 향해서 열리고 닫히게 된다.

이른바 마당이 '집의 중심점'으로 작용했다. 그걸 태극太極이라고 할 수도 있다. 그래서 비록 외부에서 찾아오는 나그네일지라도 별 차이를 두지 않고 모두 다 그 마당 안으로 맞아들일 수 있었던 것이다.

태극이 음양陰陽으로 분화되고 사상四象을 거쳐 팔괘八卦로 전개되어 나가듯, 세상사는 이런저런 얘기 모두가 마당 안으로 들어와서 함께 어우러지게 된다. 때로는 안마당, 사랑마당으로 음양이 서로 나뉘기도 하고, 다시 사랑마당과 행랑마당으로 전개되면서 복잡다단한 우리 세상사를 어루만져 주기도 하였다.

이렇게 대문은 마당 안으로 들어오는 온갖 물상物象의 통로가 된다. 또 살피고 밀어내는 것이 아니라, 인기척만 나면 모두 받아들이는 길목이었던 셈이다. 초인종이 울릴 때마다 비디오폰으로 밖의 상황을 먼저 살핀 뒤 방문객을 향해서 현관문을 '밀어젖히는', 지금 우리네 아파트들과는 집을 만드는 개념부터가 확실히 달랐다.

시대가 바뀌고, 생각이 바뀌었으며, 사람을 대하는 태도가 어느새 이렇게 바뀌어버린 것이다. 맞아들이는 것이 아니라, 밀어내고 있다. 오늘, 우리도 그러한 집에서 혹시 슬그머니 밀려나온 것은 아닌지 모르겠다.

보여주는 사랑

 문창살

옛날 우리 주거공간에서 창호窓戶가 차지하는 비중은 정말 남달랐다. 그저 단순한 출입구가 아니라, 다양하게 아로새겨진 문창살의 무늬가 유난히 아름다운, 하나의 장식 포인트였다.

유리창처럼 제 안의 실체를 다 드러내지는 않았지만, 어떠한 햇빛이나 바람이라도 아무 차별 없이 고르게 걸러서 제 안으로 받아들일 줄 알았다. 또 필요할 때는 다 보여줬다가도, 다시 따로 커튼을 쳐야 하는 불편이나 변덕도 부리지 않았다.

물론, 그건 모두 다 문창살에 붙어있던 창호지 덕분이었다. 단지 선 몇 개로서, 담백한 선형線形을 드러내던 그 문창살에 얇디얇은 제 피부 하나를 살짝 얹어놓은 채, 햇살을 거르고 바람까지 여과해서 그들과 함께 지낼 줄 알았던 것이다.

수직선과 수평선의 정갈한 만남, 띠살

　문창살은 일단 창호지를 "쫙" 펴서 바를 수 있게 덧댄 문살이었지만, 그 형태는 띠살이나 완자살, 아자살, 그리고 또 교살과 귀갑살 등 꽤나 다양한 형태로 제 모습을 드러내곤 하였다. 아마 그렇게 각기 다른 문양마다 전해주고 싶은 메시지가 서로 달랐던 모양이다.

　물론 그중에서도 띠살이 제일 많았는데, 띠살은 문울거미에 먼저 수평 방향으로 상중하 세 부분에 각각 네다섯 줄씩 문살을 덧대고, 거기에 수직문살을 더 짜 넣은 것으로서, 세살문이라고도 불렸으며, 보통 간략한 외부창호의 문양으로 종종 사용하곤 하였다.

또 하나의 장식, 완자살

완자살은 문살을 '만卍'[5]의 형태로 짠 것을 말하고, 아자살과 용자살은 문살을 각각 '아亞'와 '용用'의 형태를 본뜬 것이며, 또 빗살은 문울거미에 문살을 45도로 서로 경사지게 짠 것으로서, 때로 '교살'이라고도 불렀다.

그러한 기본적인 문창살 외에, 다시 또 덧댄 문살의 문양에 따라서 각각 화려한 소슬꽃문, 모란꽃문, 국화문, 연꽃문 등으로 나뉘어졌는데, 거

---

5 중국어로는 [wan]이라고 발음한다.

기에는 그에 걸맞은 여러 희망이나 의미를 남몰래 아로새겨 놓곤 하였다. 나름대로 사랑의 메시지를 담아두고 싶었던 것 같다.

그래서 집안 어른이 기거하는 방문에는, 십장생十長生의 하나인 거북이처럼 장수하라는 의미를 담아서, 거북등무늬로 문살을 새겨 짜 넣은 '귀갑살문'을 달았다. 또 매화처럼 고귀하라는 의미도 곁들여 매화꽃살문이나, 모란꽃무늬살문도 아로새겨 넣었다. 그건 그저 단순히 모양내기가 아니었다. 문창살 하나에도 간절한 염원이나 사랑을 담아내고자 애썼던 것이다.

그처럼 온갖 정성을 들여, 아름다운 꽃과 신비한 식물들을 정교하게 장식해놓은 문창살들을 보고 있노라면, 어느 한때 거기에 쏟아 부은, 그 이름 모를 장인匠人의 공력에 절로 숙연해지지 않을 수 없게 된다. 비록 억겁의 세월 속에서 찰나와 같은 인생일망정, 혼신魂神의 사랑을 다 바친 숨결이 고스란히 느껴지곤 하기 때문이다.

그래서 그랬던지 문창살에 창호지를 바를 때에도 아무 때나 바르는 게 아니었다. 날을 가리고 골랐다. 어느 맑은 가을날, 거기에 작은 사랑의 메시지라도 다시 한 번 더 덧붙여놓고 싶었던가보다.

설사, 잘 떨어지지 않으려는 헌 창호지라고 해서 머뭇거리지 않았다. 일부러 물 한 모금을 입에 잔뜩 머금었다가 한꺼번에 "푸우~" 하고 내뿜는 것으로, 이제 곧 사라질 헌 창호지의 마음을 살살 달랬다. 그렇게 물에 불려서 떼어낸 뒤, 이번에는 바삭바삭한 새 창호지에 잔뜩 풀을 먹여서, 문창살 사이의 여백을 차례로 덮어나갔다.

그때 빠뜨리지 말아야 할 의식이 하나 더 있었다. 지난 가을, 두툼한 책갈피에 꽂아두었던 잘 마른 단풍잎 하나를 찾아서, 문고리 근처에 덧

단풍잎과 만난 문창살

붙여두는 것이었다. 사실 창호지를 바를 때마다, 어쩌면 그게 그동안의 고된 일손을 정리하는 일종의 '끝물' 이었는지도 모른다.

물론, 그렇다고 해서 지금처럼 아무 잎이나 갖다 붙이는 것이 아니었다. 거기에도 나름대로 '뜻' 을 담아두었다. 안채 깊숙이 자리한 안방 문에는 서릿발 속에서도 청청한 자세를 잃지 않는다는 국화잎을 곱게 펴서 발랐고, 대감마님이 기거하던 사랑방 문에는 곧은 지조를 상징하던 푸른 댓잎을 세워 붙였다. 드나들 때마다 그 의미를 잊지 말라는 일종의 메시지였던 셈이다.

구시월의 햇살이 아직도 제법 따갑다고 느낄 때쯤, 마침내 창호지 바르는 일은 그 끝을 맺게 된다. 그래도 구부정한 허리를 펼 새도 없이, 다시 또 바람이 솔솔 잘 통하는 장독대 한편으로 창호지를 들고 나가서, 그들을 정성껏 뉘어놓아야 하는 뒤풀이도 빠뜨리지 않았다.

그렇게 얼마 더 시간이 지났을까? 크고 작은 다양한 문양의 창호들이 제 몸에 듬뿍 먹였던 풀기가 마르는지, 저 먼 쪽에서부터 "툭~, 툭~" 몸부림을 치는 소리가 들려오기 시작하였다. 궁금해서 다가갔다가, 얼른 보기에도 풀기로 축축했던 창호지 주름이 탱탱하게 당겨진 게 보기 좋았다. 고마워서 손끝으로 "톡톡" 두드리니, 마치 기다렸다는 듯 장구소리처럼 "텅텅" 울리며, 맑은 가을하늘로 퍼져나갔다.

이제 다시 제자리에 창호를 끼워다는 일만 남았다. 그래도 그건 비교적 간단한 일이었다. 키가 작은 창은 혼자 들어다가 돌쩌귀 구멍에 맞춰서, 살짝 들어 올렸다가 내려놓으면 쉽게 끼워졌지만, 조금 더 큰 문짝은 만만치 않았다. 둘이 서로 문짝 모서리를 나눠잡은 채, 조심조심 제자리까지 들어다가 먼저 아래 돌쩌귀 구멍부터 맞춰놓고, 다시 위 돌쩌귀 구멍을 가늠한 뒤, 호흡을 맞춰 한꺼번에 문짝을 "툭" 내려놓아야만 제자리에 맞춰지게 된다. 덩치가 클수록 제자리로 돌아오는 일은 그만큼 더 어려운 것인가보다.

그렇게 문창살에 창호지를 새로 갈아붙이고 나면, 비로소 한해가 저물어가는 소리가 들린다. 설사 지금 당장 찬바람이 불어온다 한들, 이젠 겁나지 않았다. 어느덧 월동준비를 마친 탓이다.

그런데 그리 곱게 바른 창호지도 말 못할 수난을 겪을 때가 종종 한 번씩 찾아왔다. 혼례를 치르고 난 신방新房에서 그랬다. 무슨 희한한 볼거리라도 되는 냥, 짓궂은 아녀자들은 서로 먼저 문창살 너머 서툰 신방풍경을 훔쳐보느라, "낄낄"거리며 호들갑을 떨었다.

신방을 차린답시고, 얼마 전 다시 정성껏 바른 창호지라는 사실은 아예 안중에도 없는 듯 했다. 서로 더 크게 창호지에 구멍을 뚫으며, 신방을 엿보는 데만 골몰했던 것이다.

그 첫날밤의 풍경을 각설이 타령으로 노래한 〈첫날밤 타령〉[6]이라는 민요가 이제 제법 실감나게 들린다.

> 여덟 폭 병풍을 둘러나 치고 비단이 금침을 깔아놓고
> 청사초롱에 불 밝히고 개다리소반에 주안상이라.
> 원삼 족두리에 지친 샥시 날 기다려 앉았으니 첫날밤이 분명허다.
> 뚫린다. 뚫린다. 문종이가 뚫린다.
> 문창살 사이에 문종이가 저 혼자서 뚫린다. 침 발라서 뚫는다.
> 이 눈도 붙고, 저 눈도 붙고, 붙을 눈은 죄다 붙어
> 합환주도 안마셨는디 즈이덜이 더욱 급해.
> 오뉴월이 파리 떼 뎀비듯, 장마물구에 송사리 엥기듯
> 눈깔만 들고 뎀벼 든다. 으흐흐흐 뎀벼 든다.
> 으흐으흐 엥겨 든다.
> (……)

 들창

창호窓戶는 보통 좌우로 밀고 닫는 미닫이거나, 또 앞뒤로 열고 닫는 여닫이가 대부분이다. 아마 어느 집이나 현관의 출입문은 여닫이일 게고, 외벽에 설치되어 있는 창은 미서기로 되어 있을 것이다.

---

6 충남 공주지방 일대에서 불렸다는 각설이 타령조의 민요.

그렇게 미닫이나 미서기 그리고 여닫이가 우리 주거공간에서 두루 널리 쓰이게 된 데는, 그럴만한 이유가 있었다. 우선 그 사용이 편리하고 설치도 간단했을 뿐만 아니라, 또 상대적으로 견고하고 개폐할 때에도 점유공간이 가장 적었기 때문이다. 간혹 창 전체를 움직여서 여닫는 오르내리기창이나 회전창이 없는 것도 아니었지만, 일반적으로 사용되지는 못했다.

그런데 그러한 창호 이외에도 또 '들창'이란 게 따로 있었다. 창 한 쪽을 들어 올려서 열고 닫는 창을 이른바 들창이라고 하는데, 다른 창호들이 주로 수평이동 방식을 선택했던데 비해, 들창은 수직이동을 전제로 해서 이 세상에 태어났다. 당연히 운명 자체가 남다를 수밖에 없었을 것이다.

그래서 그랬던 것일까? 들창이 나 있는 집은 정겨운 풍경이 절로 엿보였지만, 우리 머릿속에 똬리를 틀고 있는 선입견은 그렇지 못했다. 아마, 어쩔 수 없이 일단 '들어 올려야' 한다는 들창의 그 독특한 이미지 때문이었으리라. 우선 들창이라고 하면, 거의 다들 반사적으로 '들창코'를 연상해내지 않던가?

다른 어느 창보다도 더 아담하고 더 이색적인 창 하나가, 누가 지어줬는지도 모를 그 이름 하나 때문에 심심찮게 곤욕을 치르게 된 것이다. 이른바 들창이 '들창코'가 되고, 마침내 '돼지코'라는 이미지까지 덧칠되었다. 생각이 있다면, 참으로 억울하고 분했을지도 모른다. 그저 일개 창이었으니 망정이지……

그런데 들창이라고 해서 다 같은 들창이 아니었다. 대접 자체가 남다른 들창이 따로 있었다. 만일 운명이 있다면, 창도 예외가 아니었던가보

온통 다 보여주는 들창문

다. 아예 처음부터 들창을 받아줄 '들쇠'까지 서까래에 매달려 있었던 것이다. 그것도 하나가 아니라, 문 한 짝에 두 개씩 짝이 지어져 있었다.

어느 햇살 좋은 날, 그저 내외부 구분 없이 집 주변의 자연풍광을 고스란히 다 받아들이고 싶을 때, 그땐 들창이 제법 요긴한 존재였다. 여닫는 방식도 참으로 이채로웠다. 네 짝으로 나뉘진 대청이나 사랑방의 사분합문四分閤門을 일단 좌우로 한 번 접어서 두 짝으로 포갰다가, 그걸 다시 마당 쪽으로 들어 올려서 서까래에 매달려 있던 '들쇠'에 걸어놓게 되는 것이다.

그 위용은 참으로 대단했다. 그동안 안팎으로 가리고 나뉘어졌던 실내와 마루, 그리고 마당의 구분마저 한꺼번에 없애버렸다. 아니, 저 먼 앞산까지 사랑방으로 들어와 '하나'가 되는 것 같았다. 아무리 둘이 한 몸이라고 한들, 둘 사이에 이보다 더 진한 소통疏通이 어디 있으랴?

들창은 그렇게 '통 큰' 창호였다. 집주인이 보고 싶다면 쩨쩨하게 슬쩍 드러내는 것이 아니라, 아예 송두리째 다 보여줄 줄 알았다. 그저 뻘쭘하게 반쯤 열리고 닫히는 것으로서, 제 역할을 다하고 있는 미닫이나 여닫이 등의 새침데기와는 아예 비교조차 되지 않았다.

그런데 그처럼 호방豪放했던지라, 들고 나는 '통'도 보통이 아니었나보다. 내보낼 때도 조금도 주저하거나 머뭇거리지를 않았다. 오죽하면 "가난이 문을 열고 들어오면 행복이 들창을 열고 나간다."고까지 했을까?

어쨌든 작으나 크나 맞아들이고 내보낼 때 서슴없었던 창窓, 보여주고 가릴 때에도 제 온몸을 송두리째 다 바쳤던, 이른바 '통 큰' 그 들창이, 때로 이렇게 가끔씩 그리워지곤 한다. 날이 갈수록 자꾸 안으로만 오므라드는, 우리들의 사랑 앞에 그 어떤 경계警戒라도 삼고 싶기 때문일까?

어느 날부턴가 나도 모르게…….

또 하나의 창, 색경

작은 바지주머니를, 옛날에는 '봉창封窓'이라고 불렀다. 아주 작고 요긴한 형태의 창이라는 뜻이다. 아니, 봉창만 있었던 게 아니다. 교창交窓이나 바라지창도 있었고, 또 눈곱재기창과 넉살무늬창도 있었다. 모두 다 빛을 받아들이고 통풍을 하기 위해서 우리 주거공간에 설치한, 작고 귀여운 채광採光 전용 창이었다.

그래도 그 창들은 처음부터 창의 형태라도 제대로 갖추고 있었고, 그때 그 공간에 걸맞게 설치된 일종의 행운아(?)들이라고 해야 할 것이다. 비록 작고, 또 채광과 환기라는 창 본래의 제 역할을 다 수행하지는 못했다고 할지라도, 때때로 아주 요긴한 창이었다.

그런데 그들보다 더 작고, 또 차마 창이라고 부르기조차 민망한 창이, 따로 하나 더 있었다. 아니, 창이 갖춰야 할 기본 형태마저도 제대로 갖추지 못했다고 해야 할 것이다.

그래서 집주인의 마음이 바뀌면 언제든지 다시 쉽사리 떼어낼 수 있었고, 사실 그래도 별로 표시가 나지 않았다. 그렇지만 한 번 붙여놓기만 하면, '창' 그 이상의 역할을 충실하게 수행할 줄 아는 아주 알뜰한 존재였다. 옛날 띠살문이나 완자살문에 붙여놓았던 '색경'이라고 하는 창窓……, 아니 손바닥만 한 작은 유리창라고 해야 할지도 모른다.

어쨌든 유리가 그리 흔하지 않던 시절, 찬바람이 나는 늦가을, 창호지

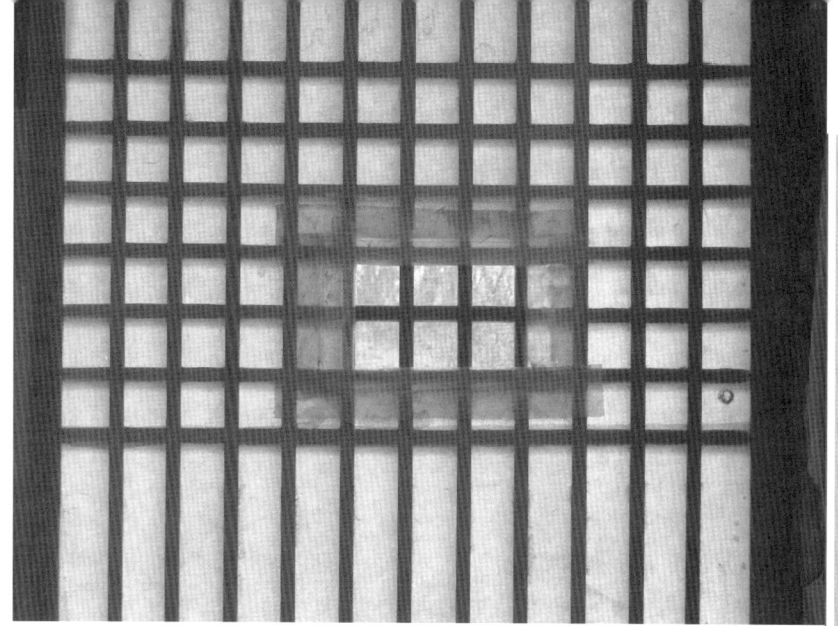

한 겨울에 더 요긴하게 쓰이던 색경

를 바를 때마다 쉽게 떼어졌다가, 띠살문에 다시 곱게 붙여지곤 하던, '색경'은 그 형태마저도 다들 제각각이었다. 때로는 반듯하게 잘 잘라진 것도 가끔 있었지만, 불규칙한 다각형이 훨씬 더 많았다.

그래도 한겨울에는 제법 요긴한 존재였다. 방문을 직접 열고 나가지 않더라도 밖의 인기척을 두루 살필 수 있었고, 아침에 일어나자마자 바깥 날씨가 궁금해지면, 제일 먼저 들여다보며 마주 대하던, 일종의 사설 私設 기상예보관이었던 셈이다.

그뿐만이 아니었다. 온 세상이 백설로 뒤덮인 적막한 어느 겨울날, 가끔 먹이를 찾아 내려오는 참새 떼를 잡는답시고, 엎어놓은 소쿠리 입구를 살짝 들어 올린 막대기에 새끼줄을 매어두었다가, 조나 수수 등의 미끼를 따라 소쿠리 속으로 살금살금 기어들어간 참새 몇 마리를 잽싸게 덮어 채고자, 방안에서 몰래 참새들의 동정을 살피던 통로도, 다름 아닌 그 '색경'이었다.

그래서 유리창이 별로 없던 옛날에는, 한동안 구멍가게의 필수품으로 알뜰한 사랑을 받았다. 방이 딸린 조그마한 가게가 우후죽순雨後竹筍처럼 늘어나던 시절, 가게주인은 한 번씩 "드르륵" 하고 문소리가 날 때마다 고단한 몸을 일으켜 세우기가 귀찮았던지, 그냥 방안에 주저앉은 채, '색경'을 통해서 일단 문 밖의 동정動靜부터 살폈다.

아니, 때로는 문조차 열어보지도 않았다. 손님이 가게 구석구석에서 물건을 집어다가 색경 앞에 갖다놓고, 거스름돈까지 스스로 챙겨가기도 하였다.

그런데 그렇게 바깥세상을 내보이며 온갖 편의를 제공하던(?) 그 '색경'도, 겨울에는 안팎의 온도차를 감당할 수 없었던지, 곧잘 제 얼굴이 뿌옇게 흐릿해지곤 하였다. 실내외 온도차를 못 이긴 '성에' 때문이었다.

그렇다고 그것마저 귀찮아서 색경 닦는 것을 그만둘 수는 없었다. 그건 때로 바깥세계와의 소통을 먼저 포기하는 일이었기 때문이다. 그래서 그런 새벽마다, 얼른 마루로 뛰어나가 무릎을 꿇고, 입김을 "호호" 불어가며 열심히 '색경'을 닦아냈다. 그렇지만 도루묵이었다. 손을 떼자마자 색경은 금방 또 흐릿해졌다.

그래도 때가 되면, 색경에 드리워졌던 성에는 저절로 사라지고 만다. 해가 점점 더 높이 떠오르자, 마치 제가 먼저 잘못했다는 듯, '색경'에 붙어 있던 성에는 눈물을 줄줄 흘리며, 제 본래 모습으로 되돌아가곤 하였던 것이다.

온통 창호지가 위아래로 뒤덮여진 우리 주거공간의 띠살문과 완자창의 그늘 아래에서, 그나마 저 혼자라도 끊임없이 밖으로의 '소통'을 이뤄내고자 노력했던 그 색경! 그건 분명 바깥세상을 거르지 않고 직접 보여주려 한, 또 하나의 확실한 우리네 '창'의 일원이었다.

누워서 올려보는 서까래

지붕을 받치기 위해서 용마룻대와 도리道里 사이에, 쭉쭉 건너지른 부재를 서까래[椽木]라고 한다. 서까래는 둥근 모양이 대부분이지만, 한 번 더 처마를 들어올리기 위해서 처마 끝으로 덧달아낸, 이른바 부연附椽은 네모난 각재角材가 많았다.

물론, 한옥韓屋이 아닌 일반 목조집에서도 서까래가 종종 쓰이긴 했는데, 그러한 양옥洋屋에서는 처음부터 잘 다듬진 각재가 주로 사용되었다. 그런데 그 서까래들은 제멋대로 휘어지고 뒤틀어진 우리네 서까래하고는, 우선 분위기부터 달랐다. 지붕 서까래 하나에서도 서로의 차이가 저절로 드러났던 것이다.

어쨌든 서까래는, 그 구조상 마치 갈비뼈처럼 천정에 드러나게 되는데, 누워서 올려다볼 때가 제일 그럴 듯하다. 도리와 도리 사이로 목수가 조심스레 건너다니며, 잔뜩 구부렸다가 다시 엉거주춤하게 엎드려서 서까래를 하나둘 설치했겠지만, 지붕 밑에 걸려 있는 서까래는, 누가 뭐라고 해도 방바닥에 등을 쫙 뻗치고 누워서, 그저 아무 생각 없이 올려다보는 맛이 일품이었다.

마침 머리맡에 놓여 있던 긴단힌 책 한 권이라도 손에 닿으면, 재미는 제법 더 쏠쏠해진다. 언젠가 꽂아 두었던 책갈피를 빼서 다시 한참 뒷장에 엉거주춤하게 집어넣고, 겉표지를 서까래 밑 허공에 들이댄 채, 책장

미끈미끈한 선의 향연, 서까래

을 한 장 두 장 넘기다보면, 그때마다 언뜻언뜻 서까래와 눈이 마주치게 된다.

그런데 그것도 잠시, 허공으로 쭉 뻗쳐 올렸던 양쪽 팔에 거역할 수 없는 중력의 힘이 느껴지기 시작한다. 저절로 팔이 슬슬 굽혀지면서, 마침내 펼쳐진 책장이 점점 더 눈앞으로 하강하는 게 분명하다. 별 수 없이 동공 가까이 다가온 책을 방바닥 머리맡에 "덜푸덕" 내려놓지 않을 수 없었다. 기다렸다는 듯, 눈마저 스르르 감겼다.

그러자 서까래는 사라지고 때 이른 어둠이 몰려왔다. 저 먼 곳으로부터 시간이 지나가는 소리까지 들리는 듯 했다. 아마, 저게 지구 자전축이 회전하는 여음餘音일까? 물론, 모두 다 머릿속의 조화였다. 어쨌든 눈을 감으면 잡음은 더 또렷해졌다.

그마저도 점점 더 희미해지려는 찰나, "아차" 싶어 감았던 두 눈을 도로 "딱" 뜨니, 어둠은 온데간데없이 사라지고 서까래들이 그 미끈미끈한 몸매를 쭉 내려뻗은 채, 마치 날 보란 듯이 천정에 걸려 있었다. 순간……! 쭉쭉 뻗은 처녀들 종아리처럼 다가왔다.

문득, 빼앗긴 두 다리를 잊기 위해서 「처용가處容歌」를 지어 불렀다는 그 천 년 전 처용處容 생각이 났다. 저렇게 미끈미끈한 다리가 천정 서까래도 아닌데, 무려 넷이나 방바닥에 도열해 있었다니! 그때 얼마나 황당했으랴?

> 서울 밝은 달밤에
> 밤늦도록 놀고 지내다가
> 들어와 자리를 보니
> 다리가 넷이로구나.
>
> 둘은 내 것이지만
> 둘은 누구의 것인고?
> 본디 내 것이었지만
> 빼앗긴 것을 어찌하리.

그런데 내겐, 네 것 내 것이 따로 없었다. 그저 바라보는 것만으로도 즐거웠다. 게다가 서까래 사이사이엔 정갈하게 앙토仰土[7]까지 잘 갈무리 되어 있지 않던가?

이쪽에서 저쪽으로 서까래를 하나둘 세어보다가, 두세 개씩 건너뛰면서 서까래 중간에 박혀 있는 하얀 사기砂器 애자(insulator)에 그만 눈길이 멈췄다. 빨강, 파랑, 노랑, 하얀 전깃줄이 제각각 그 애자 사이를 비집고 지나다니면서 열심히 전기를 나르는 중이었을 텐데, 가끔 파리 한두 마리가 쉬었다 갔는지, 염치없는 파리똥만 전깃줄에 시커멓게 묻어 있었다.

그런데 예전에는 이렇게 한가롭게 천정을 바라보는 즐거움을 제대로 느끼지 못했던 것 같다. 다들 서까래 밑에 천정을 하나씩 더 만들어서 붙여놓았기 때문이다. 지금보다 훨씬 더 춥게 살았던 탓이리라. 덕분에 방 높이는 낮고 아담해졌지만, 사실 답답하지 않을 수 없었다.

이제는 그걸 다 걷어붙이고, 처마 밑과 마룻대 밑의 경사진 공간에 긴 서까래와 짧은 서까래를 서로 엇갈려서 저렇게 줄줄이 이어놓았으니, 그저 올려다보는 것만으로도 즐거워졌다.

그뿐만이 아니다. 눈길을 돌려 천정 모서리로 다가가면, 친절하게도 서까래는 다시 또 다른 볼거리를 펼쳐놓는다. 그 모서리 한 점을 중심으로 해서, 마치 종아리만한 서까래들이 제 살을 도려내놓고 서서히 몸을 뒤틀어 붙이기 시작한다. 그게 꼭 부챗살처럼 펼쳐졌다고 해서, 예로부터 그걸 선자연扇子椽이라고 불렀다.

그런데 그 선자연은 보기는 쉬워도 아무나 선뜻 만들어내는 게 아니었다. 우선 원의 곡률曲律을 정확하게 계산해낼 줄 알아야 하고, 또 거기에

---

7 서까래 위에 산자를 엮고 지붕을 이은 다음, 밑에서 평평하게 바른 흙.

부채살처럼 펴진 서까래, 선자연

맞춰서 연목椽木을 제각각 하나씩 제대로 깎아낼 줄도 알아야 했다.

어쨌든 서까래는 누가 뭐래도 누워서 올려다보는 게 제일이다. 또 눕더라도 방바닥보다는 마루가 더 좋다. 머리를 거꾸로 마루 끝에 둔 채, 누워서 서까래들을 올려다보면 이건 그때마다 딴 세상풍경처럼 느껴진다. 게다가 머리맡에 책 한 권과 뜨거운 김이 모락모락 피어오르는 커피 한 잔까지 곁들여진다면, 더 말해 무엇하랴?

때맞춰 기와지붕 끝에서 낙숫물이라도 "툭툭" 떨어지는 날에는, 이제 보고 듣는 즐거움이 마침내 공명共鳴까지 이뤄내는 것 같다. 집이 내게 건네주는 사랑에 절로 감사하지 않을 수 없게 된다.

그러다가도 가끔, 저 서까래를 저렇게 정갈하게 내 두 눈 위에 올려놔 준, 옛날 그 어느 이름 모를 목수의 이마에 성글성글 돋아났을 땀방울이 그려지곤 한다. 그 때 그 땀방울이 저 빗물로 변해서, 지금 다시 또 이렇게 "툭툭" 떨어지고 있는 것은, 혹시 아닌가 싶어져…….

음양의 결합, 기와

집의 종류를 구분할 때, 우리는 보통 그 집의 지붕재료로서 결정하곤 한다. 그동안 익히 들어서 잘 알고 있는 초가집과 기와집 그리고 너와집 뿐만 아니라 건새집과 청석집이란 것도 그렇고, 또 근대화의 광풍이 한 바탕 휩쓸고 지나간 새마을운동 탓에, 우리 농촌마을에 빠르게 보급되었던 슬레이트집과 함석집도 그렇다.

주로 옛날에는 주변에서 쉽사리 찾을 수 있는 재료를 지붕재로 사용하곤 하였는데, 가을추수를 끝내고 그 부산물인 짚으로 지붕을 덮은 초가草家집이 그랬고, 지붕바닥을 겨릅대를 짠 뒤 그 위에 억새풀로 이엉을 엮어서 만든 건새집[8]도 그랬다. 또 지금은 산간 일부지방에서만 겨우 볼

---

8 억새지붕이라고도 하며, 지붕에 흙을 얹지 않아도 되기 때문에 건축부재가 가늘어져도 되고, 보통 부속건축물에 이용되었다.

기와의 또 다른 얼굴

수 있다는 너와집[9]과 구들장처럼 얇게 켜지는 점판암을 여러 장 지붕에 얹어서 만든 청석靑石집[10] 역시 그렇게 주변자연환경의 소산所産이었다.

그러나 재료와 기술의 비약적인 발전에 따라, 지붕재료도 그 범위를 점차 다양하게 넓혀가게 된다. 한때 석유石油의 부산물을 이용한 아스팔트 쉥글집이 유행하였는가 하면, 예리한 현대식 이미지를 풍기는 금속판 지붕이 출현하기도 하였고, 또 철근과 콘크리트로 만든 구조물 자체를 그대로 노출시켜서, 다시 그 지붕을 작업이나 저장 공간으로 사용하던 슬래브집이 우후죽순雨後竹筍처럼 늘어나던, 그러한 시절도 있었다.

그렇게 시대의 변천에 따라 지붕의 모양이나 재료는 다양한 변화를 거듭해왔지만, 우리네 집에서 가장 오래된 지붕재료라고도 할 수 있는 기와는, 그 변화의 물결에 좀처럼 휘둘리지 않았다. 낙랑시대를 거쳐 삼국시대 때부터 본격적으로 지붕재료로 사용되기 시작한 기와는, 그 문양에서 시대나 지역에 따라서 조금씩 차이를 보일 뿐, 사실 지금과 별반 달라

---

9 참나무를 얇게 켜서 지붕을 덮은 집.
10 점판암을 잘게 쪼개서 지붕에 얹은 집으로, 돌기와집이라고도 한다.

지지 않았기 때문이다.

그런데 기와지붕 시공과정을 보면, 이건 그냥 단순히 비나 눈을 막고 가리는 시설만은 아니었던 것 같다. 아니, 어쩌면 음양陰陽의 이치를 그대로 지붕 위에 얹어놓는 것이라는 생각이 든다. 일단 지붕 위에 진흙을 곱게 펴서 두껍게 이겨 바르고, 그 바탕에 다소 넓적한 암키와를 하늘로 향해서 벌어지게 줄지어 눕혀놓은 뒤, 그 위에 다시 수키와를 다소곳하게 덮어놓았던 것이다.

기왓장은 또 종종 사찰에서 시주施主의 수단으로 사용되곤 하였는데, 지금도 사찰에 갈 때마다, 불사佛事를 한답시고 시주한 사람들의 이름을 자랑스레 죽 적어서 나열해놓은 것을 볼 수 있다. 그게 다름 아닌 기왓장이었다.

하얀 페인트로 "아무 땅, 아무 띠, 아무개의 소원발복"이라고 적어놓은 다소 넓적한 형태를 암키와라고 하고, 그것보다 폭이 더 좀 좁은 채, 위로 불쑥 솟아오른 것은 수키와라고 한다. 이른바 기와에서도 음陰과 양陽으로 가리고 나눠놓았던 것이다.

그렇게 따로따로 나뉜 암수를 하나로 결합하다 보니, 가끔 그 접합부에서 이런저런 문제가 생기곤 한다. 때로는 그 둘 사이의 틈으로 비나 눈이 비집고 들어가기도 하고, 그게 마침 겨울이면 그 틈에서 그만 꽁꽁 얼어붙고 만다. 결국 스스로 동파冬破가 되는 절차를 밟아나가다가, 서로 헤어질 수밖에 없었다.

어떻게 보면 우리 사람 사는 세상과 처지가 비슷했다. 아무리 서로 끔찍했던 둘 사이라도, 세월 속에서 틈이 벌어지게 되는 어느 순간, 마침내 그 틈을 헤집고 파고든 모진 눈과 비바람을 피해나갈 수는 없었나보다.

들려주는 사랑

 풍경소리

물이 무색무취無色無臭한 것이라면, 바람은 무형무성無形無聲하다고 할 수 있겠다. 형태도 없고, 소리도 없기 때문이다. 그렇게 스스로는 아무 것도 지니지 않았으면서도 바람은 제가 포섭한 상대로서, 또 다른 형태도 만들어내고 소리도 들려줄 줄 알았다.

그 바람이, 때때로 처마 밑으로 밀려왔다가 그냥 가기가 서운했던지, 추녀 끝에 내달린 풍경을 세차게 흔들어 깨워놓고 지나간다. 그러자 풍경도 그동안 잊혔던 제 자신을 뒤척여내기라도 하듯, 다시 몸을 떨며 부산해진다.

"땡그랑~ 땡그랑~."

바람은 그렇게 제 흔적을 풍경소리를 통해서 허공에 흩뿌려놓곤, 마치 썰물처럼 빠져나갔다. 어떤 때에는, 그게 마치 소막[牛숨]에서 들려오던 워낭소리 같았다. 고삐에 매어 있던 소가 제 등에 붙어 있던 쇠파리의 등쌀에 이리저리 꼬리만 획획 내젖다가, 어느 순간 이제는 도저히 못 견뎌 내겠다는 듯, 제 몸을 한 번 더 크게 흔들어댔던지, 마루 건너 건넛방까지 갑자기 쩔렁거리며 다가오는 방울소리처럼 들렸다.

아니, 세찬 비바람이 사납게 몰아칠 때 풍경소리는 또 달랐다. 어제 아침, 우시장에 내다 판 송아지가 생각난 듯, 밤새 몸을 뒤척이면서 쉬지 않고 흔들어대던 워낭소리처럼, 때론 울분으로 가득 차 있는 것 같기도 했다.

"코뚜레를 꿴 지도 얼마 지나지 않았었는데……."

그래도 그땐 달리 뾰족한 방도가 없었다. 그저 "음매음매" 내지르는 한없는 원망과 함께, 밤새 쩔렁거리는 방울소리에 덩달아 나도 간간히 잠을 설칠 뿐이었다.

풍경소리는 그렇게 우리에게 아주 익숙한 소리였다. 때로는 맑은 금속성 청음淸音으로 들려오기도 했고, 또 때로는 꽹과리소리처럼 요란하게 짖어대기도 하였다. 그러나 그게 모두 다 제 의지가 아니라, '바람 뜻' 그대로였다.

그래서 일반 여염집에서는 함부로 처마에 풍경을 내다 걸지 않았다. 그저 바람 부는 대로 흔들리는 그 지조志操 없음도 경계했으려니와, 갑자기 요란하게 울려 퍼지는 금속성 소리가, 때로는 귀청을 때리는 불청객으로 다가왔기 때문이리라.

그래도 산 속 깊이 자리한 산사山寺에서는, 처마 끝 모서리마다 으레 풍경을 서너 개씩 내다 걸었다. 어쩌면 바람과 동무를 삼고 싶었는지도 모른다. 동무가 찾아오는 발소리를 미리 듣고 싶기 때문이었을까? 그만

허공에 매달린 풍경

큼 산속 생활은 고즈넉하기만 했다.

그런데 자주 찾아오는 동무라고 해봐야 그저 바람과 구름과, 또 종일 하릴없이 지저귀는 새의 노랫소리뿐이었다. 구름은 가끔 그늘을 드리웠다가 제 스스로 물러나고, 새는 이 나무 저 나무로 옮겨 다니며 쉴 새 없이 귀청을 두드려댔지만, 바람은 꽤나 싱거운 녀석이었다.

나뭇가지를 흔들며 몰래 찾아왔다가 언제나 그랬던 것처럼, 그저 풍경만 건드려 놓고 또 슬쩍 지나가버렸다. 기다린 아무 보람도 없이…….

그런데 사실은 그게 아니었던가보다. 바람이 풍경에게 남겨준 사랑의 메시지가 따로 있었던 것이다.

"댕그랑, 댕그랑……, 댕그랑……."

그 소리에, 먹이를 찾아서 어스랑 거리며 민가民家로 내려오던 짐승들이 그만 발길을 돌렸다. 맹수猛獸마저 불필요한 마찰을 피하고 싶었을지도 모른다. 아니, 때로는 그게 제 가슴을 후벼 파고드는 금속성 소음騷音으로 귀청을 심란하게 자극했을 테니…….

물론, 지금은 풍경소리에 그렇게 귀 기울일 맹수도 사라졌고, 이젠 찾아오는 바람도 예전 같지 않다. 기근饑饉에 허덕이다가 어쩔 수 없이, 민가民家를 찾아 어슬렁거리며 내려오는 산짐승들도, 그저 엽총 한 방으로 갈겨대면 그만일 뿐이라고 생각하는 것 같다.

서로 조심하고 존중하자는 마음은, 이제 흔적도 없이 사라지고 말았다. 오직, 짙푸른 창공蒼空을 배경으로 추녀 끝에 매달린 채, 바람의 궤적을 따라서 무심하게 흔들리고 있는 저 풍경만, 홀로 덩그렇게 남아있을 뿐…….

낙숫물

비 내리는 날, 낙숫물 소리는 언제 들어도 참 편안했다. 때로는 낙숫물이 마루까지 튀어 올라오기도 했지만, 토방 끝 돌 모서리에 부딪혀 "톡톡" 튀는 낙숫물은, 때로 잘 익은(?) 빗방울이 오래 참고 견디다가, 마침내 토방바닥으로 "툭~" 떨어지면서 터지는 소리처럼 들렸다.

익숙한 소리라서 그랬을까? 태아시절, 뱃속에서 듣던 심장박동소리일 수도 있고, 쏟아지는 잠을 못 이겨 칭얼대던, 내 작은 등을 토닥이면서 흥얼거리던 어머니의 자장가 소리 같기도 했다.

때때로 자욱한 우연雨燃으로 시야視野를 차단한 채, 정신없이 쏟아지는 소낙비가 주변으로 시선이 분산되는 것을 허락하지 않으려는 듯, 지붕에서 저희끼리 힘을 모아 자꾸만 더 세차게 낙숫물로 퍼부었다. 어떤 날은, 마치 직하直下하는 폭포수 같았다.

가끔 소나기의 제 세력이 꺾일 때마다, 희끗희끗한 물안개가 벗겨지면서 그 사이로 드러내곤 하는 앞산은 절로 비경秘境이었다. 게다가 잔뜩 우거진 신록新綠까지 그동안의 두꺼운 먼지를 털고 서있는 모습은, 한 폭의 수채화처럼 다가왔다. 낙숫물이 잦아지면서 내게 건네주는 일종의 '덤'이었던가보다.

그런데 비가 올 때마다, 그렇게 여기저기에서 들려오던 처마 낙숫물 소리가, 지금은 좀처럼 들리지 않는다. 비가 그쳐서가 아니라, 지붕이 사라진 탓이다. 다들 평평한 옥상을 만들어놓고, 거기에 물홈통까지 설치해서 빗물을 받아내고 있으니, 낙숫물로 쏟아질 수 없게 된 것이다.

설사 예전처럼 지붕을 만들어놓았다고 하더라도, 이제 더 이상 낙숫물 소리는 들리지 않게 되었다. 우선, 용마루에서 처마 끝으로 내려 쏟아지는 빗물이 처마 끝까지 도달하지 못하도록, 대부분 지붕을 개조해놓았기 때문이다. 또 지금은 어엿하게 기와지붕을 만들어놓았다고 하더라도, 그 처마 끝에는 으레 홈통을 만들어서 대부분 빗물을 따로 받아내고 있는 것을 볼 수 있다.

빗물이 처마 끝으로 모여 떨어지다 보면, 그게 때로는 땅바닥을 헤집어내는 수압水壓으로 작용하기도 하고, 겨울철에는 고드름으로 매달렸다가, 그 밑을 지나다니는 사람들에게 예기치 못한 흉기로 작용할 수도 있기 때문이라고 한다. 아니, 고드름이 흉기라니······?

아마, 우리가 사는 집이 그만큼 커진 탓일 게다. 지붕면은 넓어지고, 그 경사는 급해졌으며, 높이마저 몇 배 더 치솟아 올라갔는데, 이제 와서

227

그걸 모른 체 할 수는 없지 않던가? 다소곳하던 초가지붕이나, 기와지붕에 매달려 있던, 옛날 그 고드름만을 생각할 수는 없는 일이었다.

서글픈 일이다. 이제는 아무리 비가 내려도, 제 마음대로 들려주던 세찬 소나기의 낙숫물 연주소리도 들을 수 없게 되었고, 밤새 지붕에 소복이 내려쌓인 백설이 따스한 햇살을 못 이겠다는 듯, 사르르 녹았다가 처마 끝에서 낙숫물로 다시 "툭툭" 떨어지는 정겨운 풍경도 이제 그만 찾아볼 수 없게 된 것이다.

발소리

요즘 아파트에서는 "똑똑" 문 두드리는 소리가 나야만, 비로소 방 밖의 인기척을 느끼게끔 설계되어 있다. 아니, 어느 창호 새시(sash) 광고는, 밖에서 아무리 아우성을 쳐도 그게 아예 들리지 않는다는 상황설정으로, 그 새시품질의 우수성을 들먹인 적이 있었다. 그만큼 소음騷音 차단이 살림집에서 중요하다는 것이다.

그런데 정말 그럴까? 가족이 함께 모여 사는 한 주거공간에서, 그렇게 서로 모든 것이 완벽하게 차단이 되어야만 좋은 걸까? 이를테면 프라이버시(privacy)가 철저히 확보되어야 한다는 얘기인데, 우리 주거공간에서 프라이버시만이 그처럼 유일한 가치란 말인가?

그렇지만 그 프라이버시에만 집착하지 않는다면, 우리는 그동안 우리 살림집에서 잃어버린 줄로만 알고 살았던, 새로운 감각기관 하나를 다시 더 복원해낼 수 있게 된다. 그저 방안에 가만히 앉아 있거나 누워 있어도, 저 밖의 동정을 훤히 알 수 있는 것이다.

 갑자기 마루를 "쿵쾅"거리며 뛰어가는 것은, 틀림없이 둘째 녀석일 게다. 아마 뒤가 몹시 급했나보다. 화장실 문 닫는 소리마저 천둥벼락이 한꺼번에 들이닥치는 것 같았다. 잠시 후, 사랑방 문소리와 함께 마룻장이 슬쩍슬쩍 삐거덕거린다. 이번에는 큰 녀석이다. 요즘 부쩍 사색이 깊어진 탓인지, 제 발바닥에 와 닿는 마룻장의 감촉까지 즐기려 든다.

 한 번은, 일부러 뒤꿈치를 들고 살금살금 애들 방문 앞으로 다가갔다. 그때 엇긋진 마룻장 하나가 잊혔던 제 존재를 알리려는 듯, 갑자기 "삐거덕" 소리를 내질렀다. 별 수 없이 마른 헛기침만 하고, 되돌아 나왔다. 놀래주려다가 그만 산통이 깨져버린 것이다.

 그렇게 내딛는 발자국 소리 하나로도 그게 누군지, 왜 그러는지 정확히 구분해낼 수 있었다. 아니, 조금 더 익숙해지다 보면, 이제 이 방으로 올 것인지, 그냥 저 건넛방으로 건너갈 것인지, 그것까지도 훤히 가려낼 수 있게 된다.

 물론, 아파트에서는 짐작조차 할 수 없는 풍경들이다. 애들을 앞에 앉혀놓고, 아무리 말로 으르고 달래도 서로 소통이 안 되는 세상에, 그냥 발자국 소리 하나로 감응을 이뤄내다니…….

 굳이 귀를 기울이지 않아도 들렸다. 또 일부러 얼굴을 내밀지 않아도 저절로 보였다. 마룻장을 울리는 발자국 소리가, 그렇게 이따금씩 우리 마음을 두드리고 지나다녔던 것이다. 옛날 그 시절에는…….

 문풍지

집에 '틈'이 있으면 대부분 부실공사라고 생각한다. 단열斷熱이 제대로 안 되었다고 책망까지 한다. 맞는 말이다. 그러나 나는 그 '틈'을 좋아한다. 물론 옛날처럼 아궁이에서 직접 연탄을 땔 때, 집안의 빈틈은 연탄가스를 불러들이는 죽음의 통로였던 시절이 있었다.

또 한겨울에 북풍한설이 매섭게 몰아칠 때면 그 작은 틈으로 황소바람이 파고들기도 한다. 그래서 찬바람이 불면 혹시 있을 지도 모르는 집안의 빈틈을 찾아서 그 틈을 막는 것이 월동越冬준비의 시작이던 그런 때도 있었다.

그렇게 꽉꽉 틀어막고 살다보니 그동안 우리가 절약하는 알뜰살뜰한 지혜를 배우기는 했지만, 실내공기의 순환이라는 자연과의 교감장치는 그만 잃어버리게 되고 말았다. 지금 우리가 '새집증후군'이며 부산을 떨고 있는 것도, 사실 알고 보면 너무나 기밀성氣密性이 뛰어난 창호를 사용해서, 방안 공기를 제때 제대로 갈아주지 못하기 때문에 생기는 불가피한 증상들이다.

그런데 예전처럼 집안 곳곳에 빈틈이 존재하고 있다면, 실내에서 발생한 이산화탄소나 포름알데히드(formaldehyde)라는 유해물질은 외부공기와 희석이 되면서 조금씩 엷어지게 된다.

요즘 아파트에 비하면, 옛날 한옥에는 그러한 '틈'도 참 많았다. 문에는 문틈이 있었고, 벽에는 벽틈이 있었으며, 문종이 자체에도 공기구멍이 성글게 여기저기 나 있었다. 그래서 그걸 가린답시고 겨울에는 병풍을 두르고 살았고, 바람이 불 때마다 "포르르" 떨던 문풍지도 달고 지냈던 것이다.

 그 문풍지 소리에, 밤을 지새우며 임을 기다리던 어느 이름 모를 여인이, 마침내 제 속내를 이렇게 털어놓는다.

> 지난밤에 내 방문을 열던 바람이
> 감쪽같이 나를 속였구나.
> 문풍지 소리를 모르고
> 님이 오셨나 반가워한 나도 어리석었지마는
> 참말로 들어오라고도 했더라면
> 밤까지도 웃을 뻔한 일이로구나.

 그렇게 흙과 나무와 종이로 지은 집에는 어쩔 수 없이 '틈'이 존재하게 되었고, 그 틈을 헤집고 문을 두드리는 바람을 따라서 문풍지마저 가끔씩 제 몸을 "포르르" 떨어내곤 하였다.

 옛날 한때, 웃풍이 생긴다고 무던히도 미워했던 바로 그 작은 틈들이, 밤낮으로 공기정화기 역할까지 자처하고 나섰던 것이다. 때로는 겨울 찬바람에 제 앞을 막아선 문풍지까지 두드려가면서, 우리 주거공간의 안팎을 소통疏通시키고자 하는 그 일념一念 하나로……

묻어둔 사랑

 화로

바빴던 하루 일과가 마침내 설거지를 끝으로 거의 마무리되어 갈 무렵, 식은 재(灰)를 잿간에다 비우곤 화로火爐를 부엌 아궁이 곁으로 들고 갔다. 쪼그리고 앉아서 아궁이 바닥을 부지깽이로 허적거리자, 사그라진 줄 알았던 '알불'이 그만 시뻘겋게 제 본색을 드러내고 만다.

얼른 부삽을 그 앞에 받쳐 들고, 부지깽이로 알불을 긁어모았다. 손등이 뜨끈뜨끈해지는 것도 잊은 채, 불등걸만 골라서 화로에 열심히 주워 담았다. 얼굴까지 후끈거렸다.

등 뒤에서 부엌문 열리는 소리가 들리는 것 같더니, 누군가 갑자기 내 어깨를 "툭" 치며, 부지깽이를 뺏어 들었다. 할머니였다. 요강을 씻어서 큰방으로 들여가던 중이었던지, 한 손엔 물기가 반짝거리는 요강이 들려 있었다.

추억의 산실, 화로

 멋쩍게 돌아보며 자리를 비켜 앉자, 내게서 뺏어든 그 부지깽이로 화로에 가득 담긴, 그 아까운 불등걸을 바닥에 쓸어내렸다.
 "아니, 왜~?"
 대답 대신 할머니는 부삽을 주워들고, 아궁이 바닥에 깔린 재를 화로에 다시 퍼 담았다. 불이 이글이글 핀 시뻘건 불등걸이 아까웠다. 얼른 손으로라도 다시 주워 담고 싶었다. 저 아까운 불등걸에다가 지저분한 재를 덮어씌우다니, 심술처럼 느껴졌다. 내 마음을 알아차리기라도 한 듯, 할머니의 말이 이어졌다.
 "그렇게 알불만 담아놓으면, 불이 금방 사그라진단다. 또 새벽녘에는 추워서 못 견디게 되지……."
 "그건 또 왜?"
 그게 심술이 아니라면, 더 궁금해졌다. 눈을 깜박이며 다시 재촉하듯 물었다.
 "재가 저 시뻘건 알불을 덮어줘야 되는 거야. 이렇게……."

할머니는 부젓가락으로 화로 위에 덮인 재를 더 꾹꾹 누르며 대답했다.

"그럼, 저 알불도 밤에는 추워져? 우리처럼?"

"그래, 그리고 또, 저렇게 알불만 방안에 들여놓으면, 불 머리가 난단다. 밤새 머리가 아파져……."

"불 머리~? 할머니, 그게 뭔데?"

화로를 들고 일어서는 할머니를 따라 나섰다. 요강을 대신 들고 부엌 문지방을 넘으며 다시 물었다.

"할머니! 그 불 머리가 뭐냐니까?"

방안에 들어와서, 화로에 덮인 재를 부젓가락으로 휘적거리며 고구마 몇 개를 묻으면서도, 궁금증은 쉽사리 가시질 않았다. 아까운 불등걸일수록 재로 꾹꾹 덮어두어야 하다니? 그래야 화로에서 이글거리는 불등걸의 기세를 다독거려 놓을 수도 있고, 또 제 주변사람들의 머리를 아프게 하지도 않는 것이라니?

아랫목

사람 사는 데는 예나 지금이나 등 따습고 배부른 게 제일이다. 요즘이야 뭐 먹고 사는 것이 웬만해져서 배곯는 일은 이제 거의 다 없어졌다고는 하지만, 그것도 그렇게 오래 된 옛날 일이 아니다. 아니, 각종 선거選擧 때마다 후보자들이 그걸 한 번 잘 해결하겠노라고, 모두들 경쟁적으로 나서는 것을 보면, 그게 그렇게 쉬운 일만은 아닌 것 같다.

그런데 옛날 우리네 집은 그 역할을 할 줄 알았다. 배곯고 가난한 시절에도, 집에 들어오면 구들장을 데워서 저녁마다 등 따숩게 품어주곤 하였던 것이다. 세계 어디에서도 그 유래를 찾아보기 힘든 온돌이란 난방 방식 덕분이었다.

온돌溫突은 원래 '구운 돌'이란 뜻의 '구들'에서 유래되었다고 한다. 돌을 구워서 난방을 하는 방식이다. 아궁이에서 불을 지펴 돌을 데우고, 그 돌이 간직한 열기熱氣를 이용해서 추위를 이겨나가는 것이다. 어떻게 보면 지극히 단순한 난방방식이라고 할 수도 있다.

그러나 그 차이는 의외로 컸다. 벽난로와 비교해보면 그걸 쉽게 알 수 있다. 벽난로 앞에 앉아 있으면, 먼저 얼굴이나 가슴은 그 열기로 벌겋게 달아오르지만, 등[背]은 여전히 서늘하다. 앞은 따뜻해지는데 뒤는 차가워지기 때문이다. 그래서 나란히 마주 보고 정답게 얘기하다가도 앞뒤 온도차가 심해지면, 서로 등을 돌리고 돌아앉는 풍경이 심심찮게 연출되기도 한다.

그런데 우리 온돌은 처음부터 그렇게 앞뒤가 다르지 않았다. 또 앞부터 따뜻하게 해주는 것이 아니라, 눈에 잘 뜨이지도 않는 등에서부터 따뜻한 열기를 전해주게 된다. 그래서 고단한 하루 일과를 마치고 돌아와서도, 두 다리 쭉 뻗고 누워서 피곤을 풀 수 있었던 것이다.

그것뿐만이 아니었다. 당시 따로 보온밥솥이 없던 시절, 따끈따끈한 기운이 사라지지 않도록, 때 지난 밥그릇을 데워주던 공간도 다름 아닌 온돌방 아랫목이었다. 밖에 나갔다가 벌벌 떨며 방안으로 들어오게 되면, 우선 그리운 것은 따뜻한 아랫목이었다

다짜고짜 두 손부터 집어넣으면서 이불 속으로 파고들면, 거기엔 마치 기다리고 있었다는 듯, 으레 밥 한 그릇이 두꺼운 옷가지에 쌓여 있었다.

아랫목보다 더 따뜻했다. 곱았던 손에 서서히 냉기冷氣가 사라지게 되면, 우선 옷가지부터 헤쳐 풀고 밥공기 뚜껑을 열어젖혔다. 밥은 아침 그 밥이었지만, 훨씬 더 따뜻했다.

그 맛을 우리는 지금도 잊지 못하고 있다. 아니 온돌방 경험이 없는 세대라고 하더라도, 먼 옛날 조상 때부터 우리 몸에 체화되어 있던 생체시계가 가끔 그 기억을 다시 불러내곤 하기 때문이다.

그래서 그럴 듯하게 잘 지은 집에 벽난로를 설치해놓고도 그걸 장식품으로 밀어둔 채, 마음이 아프거나 몸이 무겁게 느껴질 때면 잘 달궈진 뜨끈뜨끈한 온돌방 아랫목을 저절로 찾게 되는 것이다.

더구나 세상 사는 일이 고단하고, 점점 더 허접해지는 요즘 같은 세밑에는 그저 뜨끈뜨끈하게 잘 달궈진 구들장 아랫목을 골라 지친 등짝을 바닥에 착 붙이고, 길게 한 숨 푹 자고 싶어진다. 그런 간절함이 점점 더 깊어지는 동지섣달 한겨울이다.

상량上樑

기둥에 대들보[大樑]를 건 뒤 그 대들보 위에 대공[11]을 세우고 종보宗樑를 건 다음, 다시 또 그 위에 올려붙이는 부재를 한옥에서는 종도리宗道里라고 한다. 이 종도리가 사실상 집의 가장 높은 부위에 걸쳐지게 되므로 흔히 상량上樑이라고도 하는데, 이 상량을 걸 때 보통 상량식上樑式을

---

11 들보 위에 세워서, 다시 다른 보나 도리를 받치는 짧은 기둥.

치르게 된다.

　상량이 올라가고 나면 대부분 집의 형태가 윤곽을 드러내게 되고, 그 동안 땀 흘리던 공사는 대충 반환점을 돌게 된다. 그리고 또 이 상량이라는 것이 집의 가장 높은 장소에 올리는 부재이다 보니, 예로부터 다른 어떤 부재보다도 상량을 중요하게 취급하였다.

　그래서 상량식을 할 때에는 보통 떡과 돼지고기, 쌀, 과일 그리고 술을 준비하여 목수와 인부들에게 푸짐하게 먹임으로서, 우선 그동안의 노고에 감사한다는 뜻을 전달하였다. 물론 앞으로 남은 일정도 지금처럼 무탈하게 집을 지어 달라는 집주인의 당부도 잊지 않았다.

　그러한 상량식은 그저 단순하게 고사告祀만 지내는 것이 아니라 집지을 당시의 상황을 자세히 적어놓기도 하였는데, 이것을 보통 상량문上樑文이라고 한다. 이 상량문에는 집 짓는 연유와 집 지으면서 생긴 이런저런 자초지종을 다 적고, 온가족이 편안무탈하고 대대손손 부귀공명을 누리게 해달라는 덕담과 희망 그리고 소원까지 함께 정성껏 기록하였다고 한다.

　아울러 생각이 깊은 어느 집주인은 훗날 후손이 집을 수리할 때 쓸 수 있도록, 상량문 갈피 속에 금은보화를 한 뭉치 넣어두기도 하였다. 언제가 될지 모르지만, 혹시 집을 수리할 때 어떤 형편에 처할지도 모르는 후손들의 살림에 보태 쓰라는 사랑과 정성을 뭉쳐 넣는 것이다.

　그래서 상량문은 가끔 그 건축물의 해체나 보수 때에 발견되어 건립연도나 그 당시의 사회상황을 짐작하게 하는 중요한 자료가 되기도 하는데, 사실 봉정사 극락전極樂殿이나 부석사 무량수전無量壽殿이 그렇게 오래된 목조건축물이라는 것도 모두 이러한 상량문을 발견했기 때문에 가

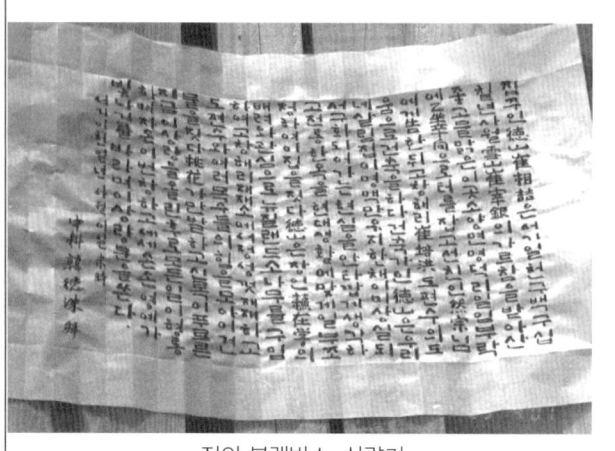
집의 블랙박스, 상량기

능한 일이었다.

 그렇게 목수의 노고를 위로하는 잔치를 벌이고, 안녕을 기원하는 고사를 지내며, 또 후대를 위해서 상량문까지 쓰는 것은 그 당시 우리 사회가 갖고 있던 일종의 정신적 여유이자 사랑이라고 해야 할 것이다.

 지금은 상량식을 하더라도 예전처럼 그렇게 번잡하게 돼지머리 차려 놓고 떡과 음식을 준비하는 것이 아니라, 그저 간단하게 돈 봉투를 대신 주고받는 세상이 되었다. 어떤 때는 봉투의 두께를 놓고 흥정을 벌이다가 얼굴을 찌푸리는 일이 벌어지기도 한다.

 그런데 다시 한 번 돌아볼 일이다. 얼굴도 모르는 저 먼 몇 대 위 할아버지가, 까마득한 내게 전해준 사랑……! 그건 단지 상량에 묻어둔 몇 푼의 금은보화만이 아니었다. 또 상량문에 적어둔, 그저 잘 먹고 잘 살라는 몇 구절뿐만이 아니었다.

 그동안 알게 모르게 우리 곁에서 사라져간 다른 숱한 사연들처럼, 이제 우리 주거공간에서도 그 작은 사랑 하나가 서서히 사라지려 하고 있다. 사람냄새 풀풀 풍기며 때로는 밀고 당기다가도, 서로 위로하고 감사하던 상량식이라고 하는 그 의례 하나가, 어느새 우리 곁에서 슬슬 뒷걸음질 치면서 떠나가고 있는 것이다.

 횃대포

지금은 실내벽면이 온갖 장식으로 꾸며져 있어서, 무얼 새로 넣고 뺄 것도 없어졌지만, 텔레비전이나 컴퓨터가 없던 시절, 그때 벽면은 참으로 단출했다. 기껏해야 신방新房을 꾸미면서 오랜만에 새로 도배한 꽃무늬가 실내장식의 전부였다. 물론, 그때도 방구석 한쪽엔 그저 검게 칠한 옷장 하나가 덩그러니 놓여 있었지만, 자주 꺼내 입게 되는 옷은 흔히 벽에 걸어둘 수밖에 없었다.

그런데 옷을 벽에 걸어두자니, 우선 들락거리는 사람들의 시선도 의식해야 했고, 또 무엇보다도 옷보관이 문제였다. 쉽게 먼지가 타고, 색도 바랬다. 그래서 벽에 수평으로 길게 횃대를 걸고, 그 표면을 얇은 무명천으로 감싼 횃대포가 등장하게 되었다. 이른바 임시옷장이었던 셈이다.

새나 닭이 올라가서 쉴 수 있도록 길게 가로지른 막대를 우리는 보통 횃대라고 하는데, 그 횃대처럼 실내벽면에도 대나무를 길게 가로질러놓고, 그 위에 나란히 옷가지들을 이것저것 걸어두었다. 자연스레 옷장이 된 것이다. 그리곤 그 겉을 무명천으로 덮어두게 되었는데, 그걸 '횃대포'라고 한다.

횃내포는 그냥 펑퍼짐한 무명천으로 남겨두는 것이 아니라, 제가가 익 미를 담아서 자수刺繡를 새겨놓곤 하였다. 그 덕분에 방안에서는 때 이른 소나무가 꿈틀거리고, 꽃이 피고, 새가 우짖는 '사랑의 낙원'으로 변했다. 별다른 장식이 따로 없었으니, 그 낙원의 생생한 풍경은 자리에 누울 때마다, 절로 눈에 밟혔다.

아니, 그저 단순한 장식포가 아니었던가보다. 정갈하게 드리워진 횃대포와 눈이 마칠 때마다, 지나간 추억이 삼삼하게 밀려왔다가 이내 사라지곤 하였다.

색동저고리 차려 입고 큰집에 문안드리러 다녀오던 오솔길, 동무들과 어울려 나물 캐던 저 건너 텃밭, 술래잡기 한다고 그만 하루해가 지는 줄도 모르고 몸을 숨겼던 삼식이네 행랑채 헛간, 또 도회지都會地에 나갔다가 되돌아온 뒤 더 유난하게 들려오던 뒷집 오라버니의 잦은 기침소리…….

게다가 어느 정도 나이가 차서는 수繡를 놓는답시고, 동무들과 건넛방에 빙 둘러 앉아, 감자와 옥수수를 삶아먹으며 희희낙락거리던 일……, 그때 그 맛이란! 추억이 차례로 떠올랐다간 이내 사라졌다.

이제 그만 떠나겠다고 큰절을 올려도 새끼 꼬던 손짓을 멈추지 않은 채 그저 헛기침에 고개만 끄덕이던 친정아버지, 동구洞口 밖까지 졸래졸래 따라 나올 땐 아직도 철부지인 줄 알았는데, 보따리를 건네자마자 이내 닭똥 같은 눈물을 뚝뚝 떨어뜨리며 이별을 몹시 아쉬워하던 어린 동생들, 그게 안쓰러웠던지 그만 돌아서서 어깨만 또 들썩거리던 친정어머니, 그리고 둥글넓적한 고향의 뒷동산과 지금도 쉬지 않고 졸졸졸 흘러내리고 있을, 그때 그 앞 개울물…….

횃대포를 젖혀낸 채, 잠시 먼 생각에 잠겼으리라. 그러다가 "으흠~, 으흠~" 하는 밖의 헛기침 소리에 화들짝 놀란 듯, 곧장 옷을 하나씩 재빨리 바꿔 걸기 시작하였다. 옷 하나에 추억과 옷 하나에 사랑을, 마치 차곡차곡 다시 묻어두기라도 하려는 듯…….

 병풍

그냥 단순하게 벽 앞에 세워놓았을 뿐인데도, 방안 분위기가 사뭇 달라진다. 뭘 새로 설치하기 위해서 깎고, 다듬고, 덧붙인 것은 분명 아니지만, 병풍 하나 세워두는 것으로 그 공간에 대한 느낌이 바뀌어버린 것이다.

꽃이 피고, 그 사이로 벌과 새가 날며, 또 적당한 곳에, 그저 알 듯 모를 듯하게 "쭉-" 내려 쓴 글귀까지 이채로웠다. 그걸 그렸는가 싶어서 가까이 다가서니, 이건 정말 새겨놓은 것이었다. 한 땀 한 땀 정성스레 손으로 직접 뜬 자수刺繡였다.

아니, 굳이 그러한 자수가 아니더라도, 병풍에는 책 속의 온갖 글귀와 바깥세상의 갖가지 풍경이 고스란히 들어와 있었다. 때로는 글로도 쓰여 있었고, 또 때로는 그림으로도 그려져 있었다. 크기도 꽤나 다양했다. 어른보다 더 큰 병풍이 있는가하면, 마치 동자승처럼 앙증맞은 애기 병풍도 의젓하게 서있었다.

아마, 처음엔 그저 찬바람을 막아내는 정도의 간단한 구실을 했을 것이다. 한겨울 방문 앞에 우두커니 서서, 문틈으로 파고드는 그 모진 찬바람을 제 온몸으로 가리고 두르는, 일종이 조연助演으로 그쳤을 수도 있다. 그러다가 제게 심오한 글귀나 풍성한 그림이 그려지고, 또 정성스러운 자수가 더해지면서, 점점 더 제 존재가치를 인정받게 된 것이다.

막고 가릴 줄 알던 병풍

　별다른 인테리어 소품이 존재하지 않던 시절, 그때 병풍은 우리 주거 공간에서 그렇게 아주 요긴한 존재였다. 연출되는 분위기도 그때그때마다 달리 할 수 있었다.

　혼례 때는 화조도花鳥圖 병풍을 쳤고, 만수무강을 기원하는 회갑연 병풍에는 장수長壽를 상징하는 십장생十長生 병풍이 세워졌으며, 또 돌잔치 때는 그 뒤편으로 글과 문방사우가 제법 그럴싸하게 아이의 앞날을 축원하고 있는 듯 했다.

　그렇게 돌잔치 때도 그랬고, 제사지낼 때도 그랬다. 혼례를 치를 때에는 으레 키가 큰 병풍으로 집 구석구석을 가려놓은 채, 그 병풍 앞에서 맞절도 하고 합환주合歡酒도 마시며, 백년가약도 맺었다. 그저 병풍 하나를 둘러치는 것으로, 잡다한 우리네 일상풍경을 잠시잠깐 가려놓고, 거기에 걸맞은 묘한 공간의 느낌을 전해줄 줄 알았던 것이다.

　병풍은, 또 공간을 알뜰하게 구획하는 수단으로도 적절히 활용되곤 하였다. 이를테면 공간의 크기를 자유자재로 조절해내는 비범한 재능을 지녔던 셈인데, 물론 그것뿐만이 아니었다. 방 뒤편의 이런저런 잡다한 물건까지 몰래 감춰주었다. 심지어 사람이 죽으면 시신屍身을 수습해서 병풍으로 가려놓고, 그 앞에서 문상問喪을 받기까지 하였다.

그래서 우리는 그 오랜 세월동안, 단지 병풍을 병풍으로만 보지 않고, 거기에 뭔가 다른 의미와 사랑을 담아내려고 무던히 애를 썼던 것 같다. 6폭 병풍이든, 8폭 병풍이든 혹은 더 큰 12폭 병풍이든 그 크기와 바탕을 탓하지 않고, 그 폭 이상의 사랑을 담아내려 정성을 다했던 것이다.

그게 설사 한겨울의 찬바람을 막아내는 아주 단순한 바람막이 신세가 되든지, 아니면 갓 차린 신방新房 방문 앞에 버젓이 버티고 앉아 있다가 제 주인이 맹서한 사랑의 증인이 되든지, 그것도 아니면 우연히 어느 잔칫상 앞에 자리 잡았다가, 졸지에 만인의 부러움을 독차지하는(?) 과분한 대접을 받든지, 그것은 별로 중요한 게 아니었다.

오직, 한 땀 한 땀 수를 놓고, 그림을 그리고, 또 글을 써내려가면서, 분명 이다음에 그 병풍을 두르고 살 뒷사람을 생각했다. 누군지 그건 몰라도 들이는 정성은 달라지지 않았다.

지금 이 간절한 내 사랑이 병풍에 접혔다가 먼 훗날 다시 펼쳐져서 전해질 수 있다는, 그 사실 하나만으로도 그저 행복했을 것이다.

사랑이란 이름으로

 ## 아궁이에 지핀 사랑

어느 시민단체 대표를 지낸 사람이 평소 알고 지내던 선배와 함께 심각한 얼굴로 날 찾아왔다. 아내가 난소암인데 한국에서는 불치병으로 판명되었고, 미국에 거주하는 아들을 통해 그곳 병원에도 입원해봤으나 재발하여 이미 손을 쓸 수 없는 단계라는 하소연이었다.

젊을 때는 방장한 혈기 때문에 아내에게 잘 해주지 못했고, 사업이 번창하던 중년에는 손 한 번 제대로 잡아주지 못했단다. 그런데 이제 50대 중반, 세상을 조금 알만한 나이가 되었는데 난소암이라니……! 하늘이 무너지는 것 같았단다. 같이 죽고 싶었단다. 눈물을 뚝뚝 떨어뜨리며 울먹울먹 하였다.

며칠을 고민한 그는 잘 나가던 사업도 그만 정리하고, 아내를 위하여 마지막 길을 함께 하기로 결정하였다. 그래서 진안鎭安 어느 골짜기에 집터를 구하고, 생태건축으로 짓겠다는 결심을 밝혔다. 참 답답했다. 그리고 고마웠다. 사람의 생명이 마무리되는, 그 순간에 '집'에게 희망을 걸다니……!

흙과 목재를 뼈대로 하고 한지를 발라서 마감을 하기로 했다. 그리고 거실의 한 중앙에는 안방바닥을 데울 수 있는 아궁이를 마련하기로 하였다. 몸이 불편한 아내가 거실에 앉아 장작불을 지필 수 있게 하고 싶다는 것이었다.

현대의학으로도 치료가 안 되는 병이지만, 옛날 방식대로 자궁子宮을 불 가까이 한 채 장작불을 때고, 흙집에서 살다보면 병이 좋아지지 않겠느냐는 희망이었다. 기류의 변화에 따라 역풍逆風으로 연기가 실내로 들이치는 등 문제가 도사리고 있었지만, 그 청을 감히 거역할 수가 없었다. 너무나 간절하였으므로……!

그런데 아내가 귀국하는 12월 초까지는 공사를 마무리해야 한단다. 나는 불가능하다고 말렸지만, 그리고 영 어려우면 잠시라도 우리 집에 머물기를 권했지만, 집념은 집요했다. 황토를 구해서 손으로 찍어 맛을 보고, 물로 비벼보고, 여물을 넣고 반죽을 해서 손수 집을 지었다. 그동안 그는 점점 녹초가 되어갔고, 옆에서 가끔 지켜보던 나도 그 정성 앞에 절로 경건해지지 않을 수 없었다.

갖은 고생 끝에 당초 계획보다 조금 늦은 한 겨울에 입주를 하게 되었다. 그래서 이제는 그 먼 산골에서 아담한 집을 짓고 단둘이 살고 있다. 시뻘건 장작불이 혀를 날름거리며 훨훨 타고 있는 거실에서, 연신 장작불을 지펴가며 오순도순 살고 있을 것이다. 그러면서도 가끔 어떻게 지내나 궁금하기도 했다. 병이 악화된 것은 아닌지? 혹시 지치지는 않았는지?

지난번엔 호도 한 상자를 보내왔다. 고맙다는 간단한 편지와 함께……. 그리고 환자인지 모를 정도로 건강해졌단다. 아! 그렇구나. 비록 어려운 병이지만, 다 버리면 이렇게도 되는 것이구나!

어느 날, 진안에 들렀다가 돌아오는 길에 다시 궁금해졌다. 여기서 조금만 굽이진 길을 돌아서면 그 사랑을 만날 수 있다는 생각이 갑자기 용솟음치기 시작하였다. 잠시 망설이다가 밤늦게 실례인 줄 알면서도 나는 핸들을 급하게 돌렸다. 설레는 마음으로……!

마중 나오겠다는 것을 말리면서 핸들을 이리 돌리고 저리 돌려서 더듬더듬 찾아갔다. 때 맞춰 달빛도 은은하게 내리쬐고 있었다. 산 공기는 약간 차가웠지만, 코끝은 상큼했다. 술기운 탓만은 아니었다.

차에서 내리자마자 겉옷을 어깨에 걸친 채, 마당에 서있던 부인이 내 손을 꼭 잡았다. 실상 처음 대하기 때문에 나는 몹시 어색했다. 그러나 마주잡은 두 손은 참 따뜻했다. 비록 수염은 덥수룩해지고, 꺼칠해지기까지 했지만 보름이 막 지난 가을달빛 아래에서 부인의 어깨를 부축하고 서있는 그의 모습은 거룩해보였다.

아궁이 속으로 활활 타다 남은 장작불이 여전히 시뻘건 채, 열기를 전해주고 있는 거실로 자리를 옮겨서 그동안의 얘기를 듣게 되었다. 얘기 중간 중간 그의 눈 흰자위가 적잖이 충혈 되어가는 것을 어렵지 않게 훔쳐볼 수 있었다.

그동안의 마음고생이 얼마나 심했으면 저럴까? 영원히 사라진다는 공포에 또 얼마나 떨었을까? 사방천지가 온통 절망뿐이었을 텐데, 그러나 어찌되었든 지금 이렇게 건강하게 당신 곁에 살아있지 않는가? 그렇게

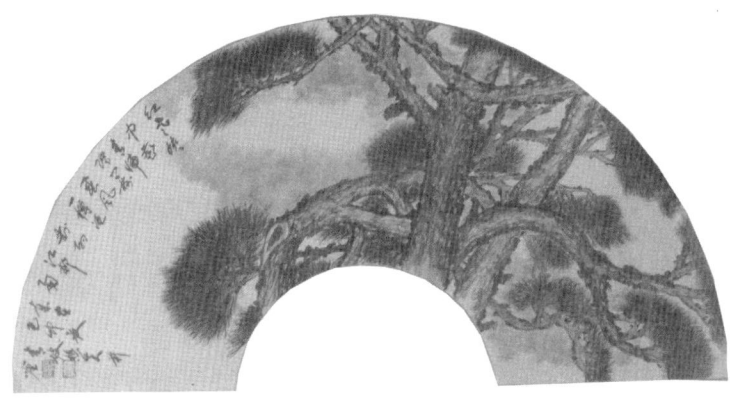

사랑이란 이름으로

노심초사했던 당신의 사랑이……!

  밤이 깊어져 그만 일어서겠다고 하자, 국전 초대작가 작품이라며 소나무 그림 한 점을 선물로 내놓았다. 꿈틀거리며 용솟음치는 힘이 소나무에게서 순간적으로 느껴졌다. 극구 사양했지만 그림은 내 차에 실려졌고, 부인은 손수 심은 결실이라며 고구마와 토란까지 봉지에 싸서 건네줬다. 아주 편안하게 함박웃음을 지으며! 아니, 행복은 바로 이런 것이라고 말하는 것처럼!

  지금 우리 집 사랑방 벽면에 다소곳이 걸려있는 저 그림을 볼 때마다 나는 사랑이 무엇인지, 다시 한 번 되짚어보곤 한다. 난소암으로 더욱 빛나게 된 그들의 사랑을 직접 보았으면서도 도저히 모르겠다.

  물론 불치병이다. 그리고 앞으로 또 어떻게 될지도 모른다. 그러나 진실한 사랑 앞에 이렇게 서로 마주보고 있다면, 몇 년 더 생명을 유지하는 것 자체가, 그리 중요한 일은 아닐지도 모른다. 그저 말없이 서있는 것 같기만 하던 우리네 삶의 터전인 '집'에서, 그렇게 희망을 건져 올리는 것을 나는 지켜보게 되었다. 한량없이 고맙고 감사하게도…….

백 년 동안의 사랑

우리들의 일상생활은 대부분 '철근콘크리트' 속에서 이루어진다. 사람을 만나는 것도 그렇고, 음식을 먹는 것도 그렇고, 잠을 자는 것도 그렇다. '철근콘크리트 건축물'이란 철근과 콘크리트를 결합해서 만든 집을 말한다.

그런데 그 철근과 콘크리트가 사랑을 하고 있다면 과연 믿을 수 있을까? 무표정하게 회색빛으로 바보처럼 서있는 것만 같은 저 아파트와 빌딩에 사랑의 기운이 배여 있다면 정말 믿을 수 있을까? 그것도 자그마치 백 년 동안이나 헤어질 줄 모르고 밤낮없이 서로를 꽉 껴안은 채……!

철근은 잡아당기는 인장력에 무척 강하다. 반대로 콘크리트는 위에서 내리누르는 압축력에 아주 강한 성질을 지니고 있다. 이 두 재료를 따로따로 놓아두면 그냥 별 볼일 없이 그렇고 그런 재료가 되지만, 둘을 붙여놓으면 누르든 잡아당기든 엄청난 강성强性을 지니게 된다. 이러한 철근과 콘크리트로 인해서 63빌딩이 가능하고, 월드컵 주경기장이 가능하며, 지금 우리가 살고 있는 20층 이상의 고층아파트가 가능하게 된 것이다.

철근과 콘크리트는 한 번 붙여놓으면 자연적으로 수화열水和熱을 발산하기 시작하는데, 시간이 지나면 지날수록 계속 더 강하게 끌어안고 다시는 풀어놓을 줄을 모른다. 그렇게 반백 년을 버틴다. 철근의 휘어 돌아가는 울퉁불퉁한 돌기를 따라 콘크리트는 압박을 풀 줄 모르고, 콘크리트의 강한 압박에 철근은 제 몸에 녹이 슬 때까지, 무려 반백 년 동안이나 운명처럼 끌어안고 있는 것이다. 변덕이 죽 끓듯 하는 우리 인간하고는 아예 비교조차 되지 않는다.

그러나 사랑은 반 백년도 그저 찰나刹那인 듯, 점점 더 강한 힘으로 끌어안기만 하던 그들도, 무심한 세월 속에서 서서히 '사랑의 압박'을 풀어놓는 시기가 찾아온다. 헤어지는 것은 어차피 누구에게나 정해진 숙명인 것이므로……!

그렇게 해서 철근콘크리트는 장장 백 년 동안을 견딘다. 그리고 그 사랑의 결실로 그들은 '공간'을 만들어놓았다. 우리가 지금 살고 있는 아파트와 사무실과 가게는 거의 다 그렇게 해서 만들어졌다. 철근과 콘크리트라는 현대건축의 두 주요소재를 음양陰陽으로 해서, 새로운 공간을 창출해놓은 것이다.

이름에 새긴 사랑

싫든 좋든 세상만물은 모두 다 '이름'이 매겨져 있다. 제 스스로 갖게 된 이름도 있지만, 이름은 대부분 '나' 아닌 다른 상대가 짓고, 또 그 상대를 위해서 태어난다.

그런데 이름에는 단순한 어구語句 이상의 어떤 소망이 담기게 된다. 이제 막 옹알이를 시작하는 갓난아기의 앳된 이름에서부터, 도로변으로 번듯하게 내어 달린 그 수많은 가게 간판에 붙어 있는 이름에 이르기까지, 모두 다 어느 남모를 염원이나 소망이 담겨 있는 것이다.

요즘 그 흔한 인터넷 아이디(ID)만 훑어봐도 그렇다. 뭔가 다들 제 나름대로의 의미를 좇아서, 골몰하게 작명作名해놓은 것을 엿볼 수 있다.

어디 아이디(ID)뿐이겠는가? 엊그제 사온 강아지 이름마저도, 우리는 아무렇게나 짓지 않는다.

이름을 쉽게 짓지도 않지만, 옛날에는 함부로 부르지도 않았다. 그만큼 이름을 자신과 동일시同一視하게 되었고, 그 이름을 남기기 위해서 분투하였다. 오죽하면 "虎死留皮 人死留名"이라고까지 했겠는가?

자연히 옛날에는 아호雅號[12]가 두루 쓰이게 되었고, 어른이 되어서도 제 이름 대신 따로 자字[13]를 사용하곤 하였다. 그렇게 이름을 소중히 여겼던 탓에, 작명作名부터 신중을 기하지 않을 수 없었다.

그러자 작명가들은 한 술 더 떠서 이름에 기묘한 획수까지 계산해놓고, 그것을 '원형이정原形利貞'으로 풀며, '음양오행陰陽五行'까지 맞추어야 한다고 설파說破하곤 한다. 아니, 그게 케케묵은 옛날 옛적 일만은 아니다. 지금도 출산을 앞두면 태명台命이나 아기이름을 짓기 위해서 작명소를 기웃거리는 일을 심심찮게 볼 수 있기 때문이다.

그런데 아무리 그래도 이름이 제 본성本性을 모두 다 아우르지는 못했나보다. 『도덕경道德經』 첫 장에서부터 노자老子는 "道可道 非常道, 名可名 非常名[14]"이라고 일갈一喝해놓았다. 물론 사물의 직접적인 이름만을 지칭하는 것은 아닐 것이다. 그래도 그 '불완전성'만은 미리 짚어두고

---

12 호號를 높여 부르는 말.
13 본이름 외에 불리는 이름으로서, 예전에 이름을 소중히 여겨 함부로 부르지 않았던 관습이 있어서 흔히 장가든 뒤에 본이름 대신 불렀다.
14 이 문장은 일반적으로 "도道를 도라고 말하면 그것은 정말 그 도가 아니다" 또는 "생각으로 정리될 수 있는 진리는 절대적인 진리라고 할 수 없고, 말로서 표현할 수 있는 진리는 영원한 진리라고 할 수 없다"고 해석한다. 결국 도는 말言로 설명하거나 글로 개념화할 수 있는 것이 아니라는 얘기다.

싶었나보다.

어쨌든 제 이름에 그렇게 신경을 곤두세우고 있는 것은, 아마 이름 저 편에 묻어있는 '사랑' 때문일지 모른다.

이름을 짓는 과정을 살펴보면 그것도 참 흥미롭다. 마치 운명을 미리 재단이라도 하는 것처럼 보인다. 오행五行 중에 어느 한 가지 기운이 부족하면 그것을 곧장 보충해놓고, 반대로 지나치면 누설漏泄하거나 상극相剋으로 다스린다. 음양의 기운까지 적절하게 배합해두는 것도 좀처럼 잊지 않았다. 또 한 집안의 일원이라는 것을 표식하기 위해서 돌림 자字까지 끼워 넣는 것을 보면, 이것은 그저 단순한 작명이 아니라는 생각이 든다.

게다가 오래 살라는 염원을 담아서 목숨을 나타내는 '수壽'라는 글자를 일부러 이름에 넣기도 하고, 심지어 크다는 의미를 쫓아서 '대大'나 '태泰'처럼 직설적인 글자도 마다하지 않았다. 그렇게 소리[音]는 다음이고, 오직 뜻을 새기고자 하였다. 염원이나 소망을 이름에 먼저 담아냈던 것이다.

사람의 이름에만 그랬던 것은 아니었다. 지금은 모두 다 '몇 동 몇 호'라는 숫자로 통칭하며 살고 있지만, 옛날에는 우리 건축물에도 사람처럼 극진하게 이름을 붙여주곤 하였다. 아니, 오히려 건축물에 붙이는 당호堂號가 더 그럴 듯하게 느껴진다. 의미심장하고 한껏 더 멋을 부린 흔적이 역력하다.

완월정玩月亭, 세심정洗心亭, 녹우당綠雨堂, 애일당愛日堂, 하벽루寒碧樓, 광한루廣寒樓, 오목대梧木臺, 만월대滿月臺, 근정전勤政殿, 사정전思政殿 ······.

집의 얼굴, 당호

그저 한낱 이름일 뿐이라고 흘려버리지 말아야 한다. 단지 이름을 이루고 있는 글자 하나하나가 아니라, 거기에 담긴 의미가 중요하다. 이름을 부른다는 것은 그 뜻을 불러서 일깨우는 것이라고 한다. 이름을 부를 때마다 거기에 담겨있는 사랑이 파동波動을 타고 일어나게 된다는 것이다. 아마 그래서 '부르는 대로 이루어진다.' 고 한 것인지도 모른다.

그렇다면 한 번 곰곰이 생각해봐야 한다. 지금처럼 '몇 동 몇 호' 라는 건축물의 숫자 속에서만 갇혀 살 것이 아니라, 마땅히 그 사랑 속에 들어앉아야 하지 않겠는가?

지금 우리가 우리의 몸과 마음을 의탁하며 살고 있는 집, 그 집에 우리들의 염원이나 희망을 담은 당호를 걸어달고, 그 사랑을 부르면 산다는 것은 생각해볼수록 의미심장한 일이 될 수도 있다.

마침 김춘수[15] 선생의 「꽃」이 그 화답和答을 하는 것 같다.

---

15 시인. 1922년 경남 충무에서 출생. 시집으로는 『구름과 장미』, 『김춘수 시선』 등이 있다.

내가 그의 이름을 불러주기 전에는
그는 다만
하나의 몸짓에 지나지 않았다.
내가 그의 이름을 불러주었을 때
그는 내게로 와서
꽃이 되었다.
내가 그의 이름을 불러 준 것처럼
누가 나의 이름을 불러다오.
그에게로 가서 나도
그의 꽃이 되고 싶다.
우리들은 모두
무엇이 되고 싶다.
너는 나에게 나는 너에게
잊혀지지 않는 하나의 눈짓이 되고 싶다.

송아지

어느 날, 어미 소를 소막에 들여 고삐를 매고 나오는데, 저만치 떨어져서 뒤따라 들어오던 송아지의 걸음걸이가 왠지 이상해보였다. 눈여겨보니, 송아지 엉치에 핏자국이 남아있었다. 혹시 뭐가 잘못 묻었나 싶어서 가까이 다가서려 하자, 그만 오던 발걸음을 돌려 슬그머니 꽁무니를 빼는 것 같았다.

"이상하다. 날 피해 달아날 리가 없는데……?"

혼자 중얼거렸다.

그런데 대문 앞까지 달아나서도 그저 그 큰 두 눈만 껌벅거리고 있을 뿐, 다시 안으로 들어오려고 하지 않았다. 그리고 보니 송아지가 날 경계하는 눈빛이 역력했다. 소꼴 한 주먹을 들고 위아래로 크게 흔들어봤지만, 별 반응을 보이지 않았다. 다른 때 같았으면 "껑충껑충" 뛰어와 얼른 받아먹곤, 또 못내 아쉬운 듯 내 손바닥까지 핥아주었을 텐데…….

"정말 많이 다쳤나?"

소막 앞부분에 설치되어 있는 구시[16]에, 소죽을 한 양동이 퍼다 붓고 나오시던 아버지도 뭔가 이상하셨던가보다.

"어디 나뭇가지에 찢겼냐? 송아지가?"

송아지 있는 쪽으로 내 발길을 돌렸다. 슬슬 피하던 송아지와 그때 눈이 "딱" 마주쳤다. 뭔가 할 말이 있는 듯 했다. 아니 말은 들리지 않았지만, 분명 엉치를 어디에 찢긴 것이 틀림없었다.

"그럼 저게, 아파죽겠다는 하소연일까? 아니면 지금 당장 빨간약[17]이라도 발라달라는 뜻일까?"

혼자 중얼거리다가, 우두커니 마루에 걸터앉아 있던 동생에게 손짓을 했다. 토방에서 마당으로 "툭" 뛰어내려온 동생과 서로 힘을 합쳐, 겨우 소막 쪽으로 송아지를 몰아붙일 수 있었다. 그제야 송아지도 어쩔 수 없다고 생각했던지, 소막 문지방을 슬쩍 뛰어넘으며, 어미 소 옆구리에 제 얼굴을 바짝 갖다 붙였다.

그러자 마치 기다렸다는 듯, 어미 소가 그 긴 혀로 어린 송아지의 상처

---

16 소, 말, 돼지에게 먹이를 담아주는 그릇을 뜻하는 말로서, '구유'의 사투리.
17 머큐로크롬(mercurochrome)의 속칭. 약이 변변치 않았던 시절에는 살균소독제로 널리 쓰였다.

송아지를 핥아주는 어머 소

부위를 핥아주기 시작하였다.

"아, 내가 저들을 방해하고 있었구나!"

괜히 멋쩍어졌다.

어서 들어와 밥 먹으라는 재촉에, 그만 손도 씻는 둥 마는 둥 하고 마루로 올라서는데, 아까부터 마루에 혼자 앉아있던 동생이 뜻밖의 얘기를 들려줬다.

"형! 근데 저……."

"왜?"

"우리 송아지, 나뭇가지에 찢긴 거 아니다!"

"아니, 그럼?"

"내가 놀나 아까 집으로 들어오는데, 갑자기 우리 송아지가 미늘밭쪽에서 후다닥 도망가더라고……. 나도 깜짝 놀랐지!"

"왜?"

"송아지가 갑자기 내 앞에서 후다닥 도망을 치니까 그랬지~."

동생은 얼른 못 알아듣는 내가 답답했던지, 금방 볼멘소리로 변했다. 더 궁금해졌다.

"그때도 저렇게 피가 묻어 있었냐?"

"어……, 그런데……."

"뭐가, 또?"

"마늘밭 아저씨가 낫을 들고 서있었어. 씩씩거리며."

"낫을? 아니, 풀 베는 낫을?"

동생은 대답대신 고개만 끄덕거렸다.

"그럼, 네가 봤냐?"

"뭘?"

"아~, 그거! 그건 못 봤어. 그땐……."

방문을 열다말고 다시 토방으로 급히 내려섰다. 그리곤 냅다 소막으로 뛰어갔다. 안으로 들어가려니, 갑자기 들이닥친 내게 어미 소가 놀랐던지, "음메~ 음메~" 소리를 지르며 제 뿔을 들이댔다. 몇 번 멈칫거리다가 살짝 몸을 피하며 얼른 송아지 엉치를 다시 살펴보았다. 이번에는 송아지도 얌전하게 서있었다.

정말, 날카롭게 찢긴 자국이었다. 상처도 꽤 깊어 보였다. 핏덩이가 누런 털에 이미 말라붙어 있었다. 피를 상당히 흘렸던가보다. 갑자기 분노가 치밀어 올랐다.

내가 한눈을 파는 사이, 송아지가 그만 그 집 배추밭으로 들어갔다가 그 아저씨의 돌팔매에 쫓겨, 엉성한 뒷다리로 뒤뚱거리며 달아나던 송아지 뒷모습이 갑자기 떠올랐다. 그때는 그게 우스워서 "킥킥"거렸는데…….

　그렇지만 난들 어쩔 도리가 없었다. 겨우 분憤을 삭이며, 붙어 있던 핏덩이라도 떼주려 손을 내밀자, 송아지가 몸부림치듯 재빨리 엉치를 뒤로 뺐다. 그 소동에 이젠 어미 소마저 화가 났는지, 제 뿔로 구시를 거칠게 "툭툭" 밀어제쳤다. 워낭소리가 사납게 쩔렁거렸다.

　슬그머니 소막을 되돌아 나와서, 구시에 남아있던 국물을 닥닥 긁어서 바가지에 퍼 담고, 거기에 여물을 한 주먹 더 얹어서 송아지 코앞에 바짝 들이댔다. 그제야 송아지도 예전처럼 코를 벌름거리며, 마침내 제 혀로 내 손등까지 핥아주었다. 예전처럼 따뜻한 감촉이 밀려왔다.

　"무척 배가 고팠구나! 불쌍하게도…….".

　그렇지만 왠지 이상했다. 확실히 힘은 없어보였다. 그저 혓바닥만 형식적으로 날름거리는 것처럼 느껴졌다. 어느새 동생도 뒤따라와 있었던지, 내 옆에서 소꼴 몇 주먹을 더 던져주며, 저도 송아지의 눈치를 살피는 것 같았다.

　저녁밥상 앞에 앉아서도 송아지의 그 선연한 눈망울이 자꾸만 떠올랐다.

　"차라리 진즉 코뚜레를 꿰놓았더라면, 남의 밭에 들어가서 그렇게 헤집고 다니지는 않았을 텐데…….".

　다짜고짜 송아지 코뚜레를 걸어달라고 아버지에게 간청을 했다. 처음에는 웬 뜬금없는 소리냐고 핀잔이시더니,

　"하긴 **코뚜레** 꿸 나이가 됐지!"

　"그래, 낼모레 장에 가서 코뚜레랑 워낭을 사다가, 그놈 코뚜레부터 꿰놓자!"

흔쾌한 승낙이 반가웠지만, 학교에서 예방주사 맞던 일이 생각났다. 먼저 주사를 맞는 애들의 찡그리는 얼굴을 보고 몰래 도망을 친 것도 한두 번이 아니었는데, 코뚜레를 꿰면 또 얼마나 아플까?

잠자리에 들어서도 걱정이 끊이지 않았다. 옆에 누워 계신 할머니 등을 일부러 박박 긁어주며, 조심스레 물어봤다.

"할머니, 코뚜레 꿸 때 어떻게 코에다 구멍을 뚫어?"

"그것도 모르고 코뚜레를 꿰어 달라고 그랬느냐?"

"어~."

"뜨겁게 불에 달군 쇠꼬챙이를, 이렇게 콧구멍에 푹 쑤셔 넣고 뚫지, 어떻게 뚫어!"

할머니는 코 뚫는 시늉을 하며, 대수롭지 않다는 듯 받아넘겼다.

"할머니도 봤어?"

"그럼!"

"송아지가 아프다고 마구 몸부림치면?"

"송아지가……? 지가 소 새낀데, 그러면 쓰나?"

"아니, 내 말은……, 송아지도 아프니까 도망갈 거 아냐?"

"그러니까, 옆에서 장정壯丁들이 꽉 붙잡고 콧구멍을 한꺼번에 후벼 파버리는 거야!"

할머니 얘기는 무정하게 계속 이어졌다.

"그래야 저도 또 어른이 될 거고………!"

"어른?"

그러다가 갑자기,

"쓸데없는 소리 그만하고 어서 자자!"

며칠 뒤, 정말 송아지 목에 밧줄을 메어놓고, 마당에서 동네 아저씨들 몇몇이서 송아지 몸통을 틀어쥔 채, 코뚜레를 뚫는답시고 야단법석이 났다. 송아지는 그 큰 눈 흰자위만 치켜뜨고 바동거리며, 다 죽어가는 목소리로 허공虛空을 향해서 연신 울음을 토해냈다.

"음메~ 음메~."

"아직, 엉치 상처가 아물지도 않았을 텐데, 거길 땅에다 놓고 저렇게 사정없이 짓누르다니!"

한바탕 격전이 끝난 뒤, 땅바닥에 눕혀졌던 송아지가 두 앞발을 먼저 짚은 채, 잠시 엉거주춤 하고 있더니 마침내 불끈 일어섰다. 그 큰 두 눈에서는 눈물이 글썽거리는 것 같았다. 그래도 얼마 지나지 않자 송아지는 마치 언제 그랬냐는 듯, 제 목덜미에 새로 달린 작은 방울을 달랑거리며, 헛간 쪽으로 급히 사라졌다.

"얼마나 아팠을까?"

"그래도 이제는 소고삐가 메어져 있으니, 낫으로 찍히는 일은 없을 거야."

"미안하다, 지켜주지 못해서. 또 먼저 코뚜레를 뚫자고 한 것도 바로 난데……."

나도 몰래 혼자 중얼거렸다. 그날은 온종일 바동거리던 송아지 모습이 머릿속에서 떠나지 않았다. 급기야 쓸데없는 다짐까지 하고 말았다.

"아, 이다음에 내가 다시 태어난다면, 송아지로는 절대 태어나지 말아야지!"

다음날 소꼴을 뜯기려 나설 때는, 일부러 송아지 고삐를 먼저 슬며시 풀어 놓아주었다. 지나가는 길에 논둑 위로 줄줄이 심어놓은 콩잎에, 송

풀밭에서 행복하던 어미 소

아지가 제 코를 들이대고 "끙끙"거려도 그저 모른 척 했다. 고삐를 주워서 바짝 조이면 송아지 콧구멍이 너무나 아플 것 같았다. 그러자 송아지는 낯선 고삐를 질질 끌며, 좀 더 풀이 무성한 곳을 찾아서 "껑중껑중" 뛰어 달아났다. 워낭소리도 곧장 뒤를 따르는지, "짤랑짤랑"거렸다.

그런데 이별은 뜻하지 않은 데서, 너무 빨리 찾아왔다. 송아지에게 코뚜레를 꿰어놨으니, 이제 송아지를 시장에 내다 팔아야 한단다. 아, 이건 코뚜레를 꿰는 것하고는 아예 차원이 다른 시련이었다.

"어버지!"

"응~, 왜?"

"송아지를 우리가 좀 더 키우면 안 돼?"

"……."

"더 오래 키워서 그때 팔면, 돈을 더 많이 받잖아?"

"……."

송아지

  푹 삶아진 쇠죽을 뒤적거리다가 함께 섞어줄 왕겨가 모자랐던지, 서둘러 헛간으로 향하는 아버지 꽁무니를 졸졸 따라 다니며, 난 계속 답을 재촉했다. 그러나 메아리 없는 투정일 뿐이었다.

  밤새……, 저 건너 소막에서는 워낭소리가 더 심하게 쩔렁거렸다. 가끔 "음메~ 음메~" 하는 울부짖음도 끊이지 않았다. 홀로 남은 어미소의 애처로운 눈망울이 내 가슴에 서늘하게 떠올랐다간 이내 사라졌다. 코뚜레를 꿸 때 송아지가 흘리던 그 눈물만큼, 아마 굵은 눈물방울이 "뚝뚝" 떨어졌을지도 모른다.

  이제……, 어미소의 그 세찬 워낭소리마저 저렇게 힘없이 잦아지는 것을 보면…….

행복체감대를 찾아서

 인생

 원래 인생이라는 것 자체가 무한히 어렵고, 또 끝임 없이 의문이 솟아오르는 주제이긴 하지만, '집'으로 풀어보면 그것은 의외로 간단해진다. '집에서 집으로의 끊임없는 이동과정'이 하루하루 쌓여 나가다보면, 그것이 저절로(?) 인생이 되기 때문이다. 집에서 태어나, 집에서 한 세상을 살다가, 다시 또 다시 집으로 돌아가는 것……, 어쩌면 그것이 우리 인생의 실체일지도 모른다.
 아침에 아파트나 단독주택이라고 하는 '집'에서 잠을 깨고 일어나, 서둘러 옷을 갈아입고 화장을 한 뒤, 아침밥을 먹자마자, 허겁지겁 일터로 나간다. 그런데 바로 그 일터가 또 집이다. 사무실도 집이고, 가게도 집이며, 일하다가 잠깐 손님을 만나러 내려갔던 커피숍도 집이고, 식당도 집이다. 출근을 해서 일을 한다고 이 방 저 방 열심히 쫓아다니고, 화장

실에 잠깐 들렀다가 거래처에서 업무를 보고, 몇 사람을 만난 뒤 다시 돌아왔는데, 벌써 점심때가 지나고 하루해가 뉘엿뉘엿 지기 시작한다.

그러한 일련의 행위들을 가만히 살펴보니, 이게 모두 다 '집'이라고 하는 공간에서 이루어진 것들이었다. 결국 하루라는 시간도 이렇게 집에서 집으로 끊임없이 이동하다보면 금방 지나가버린다. 그게 모이고 쌓여서 한 달이 되고, 일 년이 되었다가, 마침내 한 사람의 일생을 만들어놓는 것이다.

감응

집에서 태어나, 집에서 한 세상 살다가, 다시 또 집으로 돌아가는 게 우리 인생이라니……? 매일 어쩔 수 없이 이런저런 건축물이 만들어놓은 공간 주변을 맴돌며, 그 공간에 맞는 동선動線만 열심히 그려나가다가, 결국 그 동선과 함께 사라지다니……!

거기에 생각이 미치자, 지금까지 편안하게 잘 살던 아파트를 벗어나고 싶은 충동이 다시 용솟음쳤다. 물론 어제 오늘의 일만은 아니었다. 언젠가 때가 되면 아파트에서만큼은 꼭 탈출하고 싶었다. 이제 정말 망설여서는 안 된다고, 다시 마음을 다져 먹었다.

마침 공부하고 있던 게 또 풍수지리였던지라, 우선 바람과 물길부터 살폈다. 이른바 풍수지리에서 거론하고 있는 명당을 찾아 나선 것이다. 장풍득수藏風得水의 땅……? 아니, 솔직히 예전에 미리 방점傍點을 찍어두었던 땅을 찾아 나섰다. 십여 년 전에 의기투합한 몇몇 동료들끼리 함

우리 생활의 무대, 집

께 사두었던 땅이었다. 비록 당시엔 가족들에게 승인을 받지 못한 채, 소나무 잔가지들만이 더 무성해져 있었지만, 그래도 그 땅에 찾아가 가만히 앉아 있으면, 저 너머 삼태봉三台峰이 물끄러미 마주보이고 바람마저 잔잔해지던 기억을 좀처럼 떨쳐버릴 수가 없었다.

더 놔두고 머뭇거릴 일이 아니었다. 서둘러 설계를 마치고, 모형을 만들어 미래를 이리저리 가늠해보고, 건축허가를 받았다. 그동안 건축에 풍수지리를 대입해나가는 방식으로 건축설계를 진행해왔던 터라, 무엇보다도 야산野山의 굴곡진 능선을 따라 건물을 배치하고, 수구水口에 맞춰 좌향坐向을 정했다. 그러다보니 삼태봉을 바라보는 서향집이 되고 말았다. 개의치 않았다.

일단 한옥으로 기본뼈대를 삼되, 외벽은 흙벽돌로 쌓고, 천정에는 서까래를 그대로 노출시켰다. 해 저물기 시작하는 저녁, 밥 짓는 냄새와 함께 피어오르던 어린 시절의 그 아련한 굴뚝연기를 떠올리며, 아궁이를 파고 구들장도 묻어두었다. 문과 창호에는 한지를 정성껏 바르고, 혹시 몰아닥칠지도 모르는 한겨울 추위에 대비해서 미닫이 덧문을 달아두는 것도 잊지 않았다.

그래도 봄·여름·가을의 계절변화를 체감體感하기엔 마루가 제격이지 않던가? 마루도 챙겨 넣었다. 아니, 툇마루까지 더 달아냈다. 집을 짓다보면 욕심이 그 끝 간 데를 모르기 일쑤다. "달 한 칸, 나 한 칸에, 청풍 한 칸"을 들이고 살려 했건만, 그러한 청빈淸貧은 내게 어울리지 않았나 보다. 그것을 실감하는 소중한 시간이었다.

가끔 비라도 떨어지는 날에는, 낙숫물 소리가 제법 정겹게 들렸다. 그런 땐 일부러 마루에 드러누워서, 마루 끝으로 머리를 내밀고 고개를 뒤로 젖힌다. 그렇게 하면 마당이 하늘처럼 위로 올라가고, 하늘은 내려와 다시 땅이 된다. 아니 반송盤松도 거꾸로 서고, 호랑가시나무도 뒤집어져 보인다. 저 멀리 삼태봉마저 묘하게 엎어져 있는 것 같기도 했다. 내친 김에 처마 밑에는 풍경도 내다 걸었다. 그러자 바람이 불어올 때마다, 마치 워낭소리처럼 풍경이 쩔렁거렸다.

차이

그렇게 살다보니, 어느 날부턴가 이방인異邦人들의 출입이 부쩍 잦아졌다. 평소에 안면이 좀 있으면 그래서 찾아오고, 또 모르는 사람은 그저 집 구경이라도 한답시고 찾아왔다. 때로는 귀찮기도 했지만, 모두 다 마다할 수 없는 손님들이었다. 그런데 조금 지나다보니, 정작 그들과의 대화 속에서 점점 더 답답해지기 시작했다. 굳이 따로 더 보고 듣지 않더라도, 이제 그들의 생각과 마음을 미리 읽어낼 수가 있게 되었다.

얼마에 집을 졌느냐? 밤에 무섭지는 않으냐? 또 시장은 어디 가서 보느냐? 그리고 애들 교육은······? 이렇게 살고 싶지만, 우선 남의 눈에 띄며 살기 싫고, 애들 교육 때문에 지금은 엄두가 나지 않는단다. 또 요즘은 하도 험한 세상이라서 사람 속에 둘러싸여서 살아야 한단다. 고맙게 충고까지 잊지 않는다.

아니 그럼······, 지금 마당에서 저렇게 서로 장난을 치며 닭에게 모이를 주고 있다가, 돌담 틈새로 들락거리는 다람쥐를 갑자기 발견했는지, 그만 부지깽이를 들고 냅다 뛰어가는, 저 아이들은 교육을 포기라도 했단 말인가?

물론 생각의 차이다. 생각이 바뀌지 않으면 집도 바뀌지 않고, 삶도 변하지 않는다. 그저 공상만 요란해질 뿐이다. 도시처럼 거주환경도 안락하고, 편의시설도 가까이 있으며, 게다가 별장처럼 마음 편한 공간이 정말 있을까?

모두 다 만족하고 모두에게 좋은 건축공간이란, 아마 세상에 존재하지 않는 것 같다. 편하면 게을러지고, 안전하면 답답해진다. 또 넓으면 적막해지고, 몸에 좋다고 하는 것들은 거의 다 불편을 감수해야만 한다. 어쩌면 그게 우리가 사는 세상의 이치인지도 모른다.

 **봄볕**

벌써 팔 년이 지났다. 처음 들어올 때, 툇마루와 장독대 사이에 심어두

었던 앙증맞은 애기 소나무 한그루가 어느덧 제 몸을 여덟 마디로 늘여 놓았고, 개울 건너 대나무 숲도 제법 무성해졌으니……, 세월은 정말 쏜살 같다고 해야 할 것이다. 나뭇가지를 다듬다가 새삼 세월의 속도를 다시 실감하게 되었다.

그동안 우리는 집을 그저 단순한 부동산 가치로만 셈하고 따지는데, 너무 익숙해져 있었다. 집이 지니고 있는 의미에는 아예 관심조차 두지 않는다. 집에 따라서 '삶의 범위'가 정해지고, '행복 체감대體感帶'마저 분명 달라질 수 있는 것인데도, 도통 귀를 기울이려 하지 않는다.

그래서 전원주택이라고 하면, 먼 훗날 일이라고 일단 제쳐놓는다. 아담한 텃밭에 소나무가 살짝 드리워진 마당 딸린 전원생활을 꿈꾸면서도, 그건 대부분 퇴직 후에나 가능한 일이라는 것이다.

그런데 지금 하지 못한 것을, 그때가 되면 정말 이뤄낼 수 있을까? 더구나 젊고 활기찬 그 좋은 시절 다 보내고, 심신마저 쇠약해진 그때가 되면 응급상황이 더 잦아질 수도 있을 텐데…….

난 사실 그게 자신이 없어서, '바람 따라 물 따라' 다니며 찾아낸 집터에 애일당愛日堂을 짓고, 지금 그 기와지붕 밑 툇마루에 걸터앉아, 이 따사로운 봄볕을 만끽하고 있다.

| 글을 마무리하면서 |

 사랑……? 물론 어려운 일이다. 더구나 한낱 물리적인 공간일 뿐이라고 믿고 있던, 우리네 '집'에서 사랑을 찾아 나서다니, 그것도 번듯한 새 집이 아니라, 어렸을 때부터 겨우 두꺼비에게나 슬쩍슬쩍 넘겨주고 말았던, 바로 그 헌집에서…….
 그런데, 사실 그렇지 않았다. 옛날 우리네 집에는, 정말 남모르는 사랑이 무한히 담겨 있었다. 물론, 그걸 찾아 나선 길이 다소 낯설게 느껴졌을 것이다. 또 자주 샛길로 새곤 하였다. 이내 다시 돌아오긴 했지만, 사랑을 찾아 나선 길은 그렇게 만만한 게 아니었다.
 어쨌든 사람은 누구나 '집'이라고 하는 공간 속에서, 서로의 몸과 마음을 부대끼며 살아가게 된다. 집에서 잠도 자고, 일도 하고, 공부도 하고, 밥도 먹고, 또 사랑도 나누면서 나름대로 우리들의 인생을 꾸려나가고 있는 것이다.
 그런데도 우리는 정작 이 '집'에 대해서는 잘 알지 못하고 있다. 아니, 제대로 체감하려고 들지도 않는다. 다들, 그저 누군가가 만들어놓은 아파트로 기어들어가서 살림을 꾸리며 사는 것을, 아주 당연한 것으로 여기고 있는 것 같다. 그래서 집을 짓는다는 것은, 언제나 내가 아닌 다른 사람들의 몫이었다. 때론 그게 몹시 안타까웠다.

만일, 우리가 살고 있는 바로 이 집에, 그렇게 많은 사랑이 담겨 있다는 사실을 좀 더 진즉 알았더라면, 아마 지금 우리들의 생활품질은 상당히 달라졌을 지도 모른다. '집'이라고 하는 주거공간이, 단순히 '살기 위한 기계'가 아니라, 바로 '생활을 담는 그릇'으로서, 우리 앞에 제 사랑을 제대로 드러내줄 때, 우리의 삶도 그만큼 더 풍부해질 수 있을 것이기 때문이다.

사실, 세상 어느 것인들 사랑 없이 생겨난 게 어디 있으랴만, 우리네 집에는 참으로 깊은 정성과 많은 땀방울, 그리고 갸륵한 사랑이 함께 담겨 있었다. 게다가 그 안에서 삶을 꾸려나가고 있는 우리들은 또, 꼭 그 '품' 만큼의 사랑만 받으며 살아가게 된다. 어쩌면 그게 바로 집이 갖고 있는 속성이자, 집의 한계인지도 모른다.

어렸을 때 나는 시골 농촌에서 자랐다. 비록 산골이었지만, 벌은 꽤나 넓었다. 신작로를 따라서 전봇대가 세워지고, 초가집에서 함석이나 슬레이트로 지붕이 바뀌며, 흙벽에 시멘트가 덧칠해지는 것을 보면서 자랐다.

지금 돌이켜보면, 그때가 더 큰 문명세계로의 진입을 앞둔 시점이었지만, 한편으로는 수백 년 동안 '집에서 집으로' 끝없이 대물림되며 내려오던, 그 사랑이 마침내 우리 주거공간에서 떠날 행장行狀을 꾸리는 마지막 순간이기도 했던 것 같다.

물론 그때는 잘 몰랐지만, 근대건축의 총아로 등장한 유리(glass)와 철

(steel), 그리고 시멘트(cement)로 우리들의 현대 주거공간을 설계하다보니, 그 점을 깨달을 수 있게 되었다.

그것을 들려주고 싶었다. 우리가 지금 잠을 자고 휴식을 취하고 있는, 바로 옛날 그 주거공간인 집에 얼마나 더 많은 정성과 사랑이 스며들어 있는지를……. 물론, 다소 불편하고 누추하고 또 가난했지만, 사실 옛날 우리네 집에는 지금보다 훨씬 더 많은 사랑이 담겨 있었던 것이다.

이제 이 글도 마무리 할 때가 되었다. 그동안 이 책의 원고를 정성껏 검토하고 조언을 아끼지 않은 내 주위 몇몇 분들과, 또 변변찮은 원고임에도 선뜻 출판을 결정해준 '도서출판 푸른사상' 여러분에게 감사드린다.

아울러 한 집안에서 태어나고 자랐다는 인연만으로, 내게 더 많은 추억과 사랑을 아낌없이 베풀어준, 그때 나의 가족 모두에게 때늦은 고마움을 전하면서, 이 펜을 내려놓는다.